GUILLERMO LEDESMA

somos la VOZ

La generación que rompe el silencio

Todas las citas de la Escritura han sido tomadas de la Santa Biblia, Nueva Versión Internacional® NVI® © 1999, 2015 por Bíblica, Inc.®, Inc.® Usadas con permiso de Bíblica, Inc.® Reservados todos los derechos en todo el mundo. Las citas de la Escritura marcadas (RVR 60) han sido tomadas de la versión Reina-Valera 1960 ® © Sociedades Bíblicas en América Latina, 1960. Renovado © Sociedades Bíblicas Unidas, 1988. Usadas con permiso. Todos los derechos reservados. Reina-Valera 1960® es una marca registrada de Sociedades Bíblicas Unidas. Las citas de la Escritura marcadas (PDT) han sido tomadas de la versión Palabra de Dios para Todos © 2005, 2008, 2012, 2015 Centro Mundial de Traducción de La Biblia © 2005, 2008, 2012, 2015 Bible League International.
Cursivas y negritas son énfasis del autor. La Santa Biblia, Nueva Traducción Viviente, © Tyndale House Foundation, 2010. Todos los derechos reservados. Traducción en lenguaje actual (TLA) Copyright © 2000 by United Bible Societies.

SOMOS LA VOZ
LA GENERACIÓN QUE ROMPE EL SILENCIO
© 2023 por Guillermo Ledesma

Editado por: Gisella Sawin
Diseño de Portada e Interior: Pablo Montenegro

Publicado y Distribuido por EDITORIAL RENACER

Paperback   978-1-956625-49-3
Hardback   978-1-956625-50-9
E-book   978-1-956625-51-6

IMPRESO EN ESTADOS UNIDOS

Ninguna parte de este libro puede ser reproducida o transmitida de ninguna manera o por ningún medio, electrónico o mecánico —fotocopiado, grabado, o por ningún sistema de almacenamiento y recuperación (o reproducción) de información— sin permiso por escrito del autor.

CONTENIDO

CONTENIDO 3

RECOMENDACIONES 5

PRÓLOGO 9

DEDICATORIA 13

AGRADECIMIENTOS 15

INTRODUCCIÓN 17

CAPÍTULO 1
    SOMOS LA VOZ: EL ORIGEN 23

CAPÍTULO 2
    ALERTA ROJA 37

CAPÍTULO 3
    EL LENTE ESPIRITUAL 51

CAPÍTULO 4
    UNA GENERACIÓN QUE ROMPE EL SILENCIO 65

CAPÍTULO 5
    UN LÍDER DE AVIVAMIENTO 79

CAPÍTULO 6
    EL SECRETO QUE TE HACE DIFERENTE 97

CAPÍTULO 7
    MISIONEROS EN BABILONIA 111

CAPÍTULO 8
    UN TRABAJO EN CONJUNTO...125

CAPÍTULO 9
    EL ROL DE LA IGLESIA..139

CAPÍTULO 10
    AVIVAMIENTO TRANSVERSAL 151

CONTACTO 161

RECOMENDACIONES

Jesús dice que desde los tiempos de Juan el Bautista hasta ahora el reino de los cielos sufre violencia; esa violencia creció por las nuevas estrategias infernales que instalaron una guerra cultural sin precedentes contra las enseñanzas bíblicas y contra la iglesia de Cristo. Parecería que nos tomaron por sorpresa; necesitamos despertar urgente a esta nueva realidad y a los poderosos planes de Dios!

Esta obra nació bajo una revelación muy poderosa del plan de Dios para este tiempo y llegó en el momento más oportuno!

Fuimos testigo de cómo está revelación encendió el corazón de nuestro hijo Guillermo, y cómo una gracia especial de Dios fue derramada sobre él. Todo lo que escribió en esta obra está impregnada de esa gracia y esa unción. Hemos visto con nuestros ojos el fruto evidente que las verdades contenidas en este libro produjeron en personas, en iglesias y sobre todo, en la sociedad.

Los cristianos de hoy necesitan leer este libro!
Los pastores necesitamos leerlo!
Abre el corazón y lee "Somos la Voz". Dios te hablará.

Pastores Jorge y Alicia Ledesma

Somos La Voz es un libro que todo creyente que anhele la extensión del reino de los cielos y la manifestación de Su Justicia acá en la tierra debe leer. Somos la Voz te dará las herramientas para entender los tiempos que estamos viviendo y como mejor asumir la responsabilidad del encargo divino de "ir".

Como bien describe Guillermo Ledesma en la introducción de su libro, "Hay una generación con el agua al cuello, avasallada por corrientes ideológicas que con su reflujo social son arrastradas hacia las profundidades más inmorales y oscuras de la vida. Observo padres que no comprenden la urgencia de lo que está ocurriendo, amigos y familiares desesperados porque no saben qué hacer o cómo ayudarlos."

Somos la Voz ha sido escrito y diseñado justamente para entender el "qué y el cómo" de tal manera que podamos seguir siendo la sal y la luz que este mundo tanto necesita.

Guillermo & Milagros Aguayo

Es un honor conocer a Guille y Milu Ledesma y una gran tranquilidad saber que ellos, como miles de jóvenes creyentes en Iberoamérica, son LA VOZ para el siglo XXI. Su más importante contribución deberá ser la convicción de que el factor más determinante para gobernar una nación no es la capacidad enciclopédica de un polímata porque nadie, por más inteligente y preparado que sea podrá dominar todos los campos del saber humano. Tampoco el principal atributo para gobernar es la popularidad. La principal virtud, no solo de un político sino de todo ser humano, debe ser la ética, los cristianos le llamamos "temor de Dios". Es el comportamiento de quien sabe que todos sus actos están a la vista del que es omnisciente, omnipresente y omnipotente.

Lo que nuestras sociedades requieren con urgencia son patriotas con ética, personas que no renuncien a declarar públicamente su fe. A lo que los creyentes debemos renunciar es a la apoliticidad. Cuando oigo a creyentes decir que debemos ser apolíticos me sorprende gravemente la manera en que renunciamos a ser la luz del mundo. Me sorprende la ligereza de no ser la sal que sala. Me sorprende la indiferencia, la apatía de ocupar el lugar que Dios nos reservó de ser reyes y sacerdotes, cabeza y no cola. Ser apolítico es tener una palabra y no pronunciarla. Ser apolítico es tener el llamado a cumplir con una acción y no realizarla. Ser apolítico es no aceptar el desafío de ser la diferencia.

Gracias a Dios hay jóvenes como Guille y Milu que han decidido aceptar este desafío: SER LA VOZ

Licenciado Aarón Lara

PRÓLOGO

POR ITIEL ARROYO

Desde siempre he admirado la improbable influencia que Juan el Bautista ejerció sobre su generación. Y digo «improbable influencia» porque Juan representa todo lo contrario a las estrategias de marketing y branding que se les enseñan a los influencers de mi generación.

Si Juan hubiese tenido un agente de relaciones públicas como los de hoy en día, imagino que le hubiera recomendado encarecidamente lo siguiente:

> «Juan, ¿no crees que sería mejor hacer tus campañas en Jerusalén en vez de en el desierto? La gente tiene que caminar durante horas y soportar altas temperaturas para escucharte. Además, te recomiendo que cambies un poco tu estética, ya que vestir con la piel de un camello te hace ver y oler de forma desagradable, sin hablar de tu rostro huesudo a causa de tus constantes ayunos. Un poquito más de gimnasio y menos saltamontes en tu dieta, sería conveniente. Y, ¡por favor! Deja de insultar a tu público llamándoles "hipócritas y víboras". Al menos, deja de ofenderlos».

Juan tuvo una ubicación pésima, una imagen grotesca y un mensaje escandalosamente incómodo, pero aun así se convirtió en la mayor influencia de sus días. De hecho, algunos historiadores afirman que llegó a bautizar en el desierto a unas 40.000 personas, en un periodo de seis meses. Y, por si eso fuera poca evidencia de su impacto, Jesús mismo lo calificó como el *líder* más grande de su época. La verdad es que eso parece dejar un impacto permanente en su generación ¿Estás de acuerdo? Los influencers del Reino de Dios suelen ser personas improbables, pero así funciona este extraño movimiento divino.

Si queremos llegar a ser una verdadera influencia en nuestra generación, en un tiempo de bufones del entretenimiento, políticos de la mentira y anestesiadores del alma, la pregunta que debemos responder es: ¿Qué fue lo que provocó que un hombre como Juan se convirtiese en el megáfono de la voz divina para su generación?

Observemos la vida de Juan. Él no se vendió a las expectativas del mercado, sino que se comprometió con las expectativas del Reino de Dios. Y eso lo hizo ser una verdadera influencia.

Juan tomó una determinación.

Una determinación define si tendrás un *impacto* temporal o uno eterno. La determinación de Juan fue la siguiente: «Rehusó hacerse un nombre y decidió ser una voz».

El Evangelio registra una entrevista que le hicieron:

«*Le preguntaron:*
—*Entonces, ¿eres Elías, el profeta que había de venir?*

Respondió:
—No lo soy.
Le dijeron:
—Entonces, ¿quién eres? ¿qué dices de ti mismo?
Respondió:
—Yo soy una voz que clama en el desierto»
Juan 1:21-23

En otras palabras, le preguntaron si él era Elías, si era el hombre del nombre que todos estaban esperando, pero Juan se rehusó ponerse un nombre. Le insistieron para que se definiese de alguna manera, para que se diese un nombre con el cual pudiese ser reconocido, pero lo único que dijo de sí mismo fue que él era «una voz que clama en el desierto».

Esta es la gran decisión que Juan tuvo que tomar, y esta es la decisión que tú tendrás que tomar si quieres provocar un verdadero impacto en nombre de Dios, en tu generación:

¿QUIERES HACERTE UN NOMBRE O QUIERES SER UNA VOZ?

Si quieres ==hacerte un nombre==, tendrás que esforzarte mucho para hacerte popular. Tendrás que mantener las apariencias. Deberás tener tus redes sociales actualizadas. Tendrás que buscar la aprobación de todos. Tendrás que promocionarte y diluir el mensaje para ser aceptado. ¡No digo que todo eso sea malo! Pero, si quieres hacerte un nombre, tendrás que vender. Tendrás que dedicarte al ==marketing== y al ==branding==. Tendrás que dedicar todo tu tiempo a desarrollar tu marca personal.

Sin embargo, si quieres ser ==Una Voz==, solo debes preocuparte de una cosa. Un único enfoque debe ser tu santa obsesión: Mantenerte conectado con Dios. Es decir, tienes que escuchar lo que Dios está diciendo, aunque lo esté susurrando en Su trono, y debes convertirte en el eco de Su voz. Probablemente, mantenerse conectado con la voz de Dios requiere de una mayor disciplina, sobre todo en un mundo en el que hay tanto ruido que ahoga la voz divina en nuestra alma. No se trata de ser una voz perfectamente afinada, sino de esforzarte por tener un oído atento a las palabras que Dios está diciendo, y disponerte a tener una boca valiente para hablarle a un mundo al que no le gusta escuchar lo que la voz divina está diciendo. Atreverte a ser la boca de Dios puede provocar que tu cabeza termine en una bandeja de plata.

En definitiva, esta es una decisión que determinará la magnitud de tu impacto en tu generación. ¿Quieres hacerte un nombre o quieres ser una voz?

Guille Ledesma respondió esta santa pregunta y se comprometió con Dios a levantar miles de voces valientes en su generación. El manuscrito que tienes en tus manos es más que un libro, es un manifiesto de guerra para la generación a la que le tocará vivir los momentos más emocionantes y peligrosos de la historia.

¿Te atreves a leerlo y convertirte en la voz?

DEDICATORIA

Dedico este libro a...

Aquellos que me inspiraron en la mirada transversal del evangelio, y a las que me desafiaron a correr a la línea de batalla para romper el silencio y levantar mi voz en esta generación.

A todos esos grandes hombres y mujeres de Dios, visibles o invisibles, que han dado su vida por esta causa. Aquellos que abrieron camino para las próximas generaciones, y sembraron su vida para que hoy muchos cosechemos ese avivamiento y transformación.

A los cristianos que abrazarán esta causa al finalizar este libro. A aquellos que están dispuestos a dar su vida por la expansión del evangelio. A aquellos que tomarán el desafío de llevar a Jesús a las calles y levantarse como antorchas encendidas en medio de la sociedad. A todos los que corren a la línea de batalla para romper el silencio, y ser la voz de esta generación.

AGRADECIMIENTOS

Agradezco primeramente al Espíritu Santo, fuente de todo en mi vida, quien me ha inspirado, motivado y guiado para la redacción de este libro y en la visión de nuestro ministerio.

Agradezco a mi esposa Milu, a quien amo con todo mi corazón y a quien honro por ser una guerrera y una gran mujer de Dios. Ella es un soporte fundamental en mi vida, en el ministerio y en cada proyecto que decidimos enfrentar juntos, así como la redacción de este libro y la expansión de esta visión. Sus palabras de ánimo siempre me motivan a obedecer a Dios, a pesar de los procesos difíciles que tuvimos que atravesar.

Por supuesto, quiero agradecer a mis padres, el Ap. Jorge Ledesma y la Prof. Alicia Ledesma, por enseñarme con su ejemplo que vale la pena morir por Dios y vivir por los demás. Agradecerles por ser de inspiración, fe, perseverancia y humildad. Por apoyarme en todo y ser siempre ese faro espiritual que todos necesitamos. Al igual que a todos mis hermanos y familia completa, a quienes amo y valoro mucho.

Agradezco a todo el equipo de nuestro ministerio de jóvenes Cultura Real, quienes siempre nos apoyan en cada proyecto y sueño que Dios pone en nuestro corazón, al igual que a toda nuestra iglesia local, que siempre nos han cuidado las espaldas, nos han sostenido los brazos y nos han acompañado en la visión de avivar nuestra tierra y nuestra generación.

Agradezco a mis amigos que son un apoyo emocional para mi vida, por haber estado siempre presentes, tanto en los momentos buenos como en los procesos también.

Agradezco a Claudio De Oliveira por su apoyo y asesoramiento para este proyecto. Gracias por creer en la visión y en este ministerio.

Muy agradecido también con todo el equipo técnico que desarrolló el proyecto, no solo con compromiso y profesionalidad, sino también poniendo mente y corazón.

Por último, agradezco a los lectores de este libro, por buscar crecer y responder al llamado de Dios para ser Su voz en este tiempo y en esta generación.

INTRODUCCIÓN

Uno de los países con playas maravillosas para disfrutar es Brasil, y mucho más cuando se puede visitar en familia. Hace algunos años viajamos con unos tíos y primos para tener unas vacaciones que serían perfectas e inolvidables. Pasábamos la mayoría del tiempo en la playa, jugando en la arena o dentro del mar.

Todo parecía indicar que tendríamos un nuevo y hermoso día de playa, como habían sido los anteriores. Junto a mi hermano Cristian y a una prima, nos metimos al mar para desafiar a las olas mientras jugábamos. De repente, una seguidilla de marejadas robustas nos sorprendió. Audazmente las enfrentamos buceándolas. Pero al salir a la superficie, luego de haber dado varias vueltas debajo del agua, mi prima con un tono de desesperación, gritó diciendo: «Guille, ¡no podemos volver!». Entonces mi corazón comenzó a latir fuertemente. La adrenalina inició su trabajo y comenzó a distribuirse cubriendo todos mis sentidos. Así fue como me di cuenta de que mis pies ya no tocaban fondo, habíamos sido arrastrados a zonas profundas con un atrevido reflujo que nos absorbía cada vez más hacia lo profundo.

Fue entonces que comenzamos a hacer señas a nuestra familia que había quedado en la orilla, y de quienes nos alejábamos cada vez más. Tratábamos de llamar su atención para que pudieran vernos mientras luchábamos para mantenernos a flote. Queríamos desesperadamente que alguien nos viera para socorrernos y ayudarnos a salir de esa situación aterradora, y aparentemente de vida o muerte. Entonces vimos a nuestros padres acercarse a la orilla, saludarnos felices y sonreírnos, sin entender la gravedad de la situación. Finalmente, los guardavidas se dieron cuenta, y con prisa corrieron hasta llegar a nosotros. La escena termina con un final feliz: salimos ilesos de esa difícil y extrema situación.

Al recordar esta historia y las emociones que sentimos aquel día, me lleva a relacionarlo con la realidad que vivimos hoy. Hay una generación con el agua al cuello, avasallada por corrientes ideológicas que con su reflujo social son arrastradas hacia las profundidades más inmorales y oscuras de la vida. Observo padres que no comprenden la urgencia de lo que está ocurriendo, amigos y familiares desesperados porque no saben qué hacer o cómo ayudarlos. Encuentro adolescentes siendo víctimas del bulling, grooming y todo tipo de violencia o acoso. Veo jóvenes sin identidad por una distorsión ética y moral impuesta por dictaduras ideológicas. Familias que son víctimas de la pobreza sistémica que los abraza por causa de la corrupción ramificada en sus naciones. Y me duele ver una generación que pide a gritos que alguien nade hasta las profundidades de la turbulencia que los rodea. Una generación que busca desesperadamente que alguien enfrente las agresivas olas del sistema y los alcance. Alguien que rompa el silencio. Alguien que denuncie lo que está mal y que corra a la línea de batalla para ser la voz de los que no tienen voz. Alguien que sea la voz de esta generación.

Es por todo eso que, como parte de esta generación, te invito a que me acompañes a bucear los capítulos de este libro, para que puedas tener una visión más clara y amplia de la batalla que nos toca dar en este tiempo. Encontrarás herramientas claves para despertar el avivamiento transversal y ser parte del remanente que se levanta para romper el silencio en esta generación.

Guillermo Ledesma

1

SOMOS LA VOZ:
El origen

CAPÍTULO I
SOMOS LA VOZ: EL ORIGEN

Soy hijo de pastor, y nacer en cuna cristiana me dio el privilegio de disfrutar mi infancia, adolescencia y juventud en el ámbito de la fe. Siempre me congregué en mi iglesia local, fundada y pastoreada por mis padres, donde tengo el privilegio de pertenecer al equipo pastoral, liderar con mi esposa a los jóvenes y al movimiento **Somos La Voz**.

Sin embargo, aunque me encontraba en un tiempo pleno de servicio en mi iglesia, Dios me llevó a involucrarme en diferentes áreas de la sociedad. Muchas veces no entendía la razón del porqué teniendo un corazón de servicio para la iglesia, Dios insistía en que participara en otros lugares interesantes, pero para mí, desconocidos, como: el arte, la educación, la economía, la política, entre otros. Con el paso del tiempo pude comprender que Él quería mostrarme Su urgencia de llevar el Evangelio a esos espacios, donde como Iglesia, no estábamos teniendo influencia directa.

Encerrado en mi cuarto de oración, sentí que Dios me hizo mirar mi mano derecha y me preguntó si podía contar con los dedos de esa mano el número de políticos cristianos que había en mi país y que estarían afectando positivamente mi nación. Por supuesto, en ese momento me sobraban dedos. Entonces Dios me pidió que reinicie el conteo, pero que esta vez lo hiciera con los periodistas o comunicadores de los medios seculares, que sean cristianos y estén trascendiendo en el país. Claramente volvió a sucederme lo mismo, me sobraban la mayoría de los dedos. Así continuó con las diferentes áreas de la sociedad, demostrándome de esta forma que no había cristianos siendo luz en estos ámbitos.

Ahí fue cuando comencé con la inquietud de involucrarme en el ==arte==. Comencé estudiando música, pintura, teatro y hasta llegué a grabar algunos discos con una banda que se llama ==«Cultura Real»== (nombre que luego le daríamos a nuestro ministerio de jóvenes).

Una vez inmerso en el mundo de ==la música y el entretenimiento==, descubrí que los cantantes reconocidos existían porque había representantes prestigiosos, canciones con más popularidad, estudios de grabación de mayor reputación y grandes empresas productoras de música. Pero mi corazón se inquietó cuando me di cuenta de que casi ninguno de los artistas influyentes era cristiano. Como conclusión, los cristianos no estábamos influenciando realmente ese ámbito. Incluso una de mis experiencias personales fue el detonante para llegar a este pensamiento.

Un día recibimos una invitación a un evento universitario para participar con mi banda Cultura Real. Al tocar música cristiana en una universidad, un profesor expresó su disconformidad ante quienes nos habían invitado, afirmando que no debía mezclarse la religión con el evento universitario.

Tiempo después incursioné en el ámbito de la **educación**, comencé a estudiar publicidad y comunicación. En la universidad pude descubrir que la educación está ampliamente influenciada por las corrientes ideológicas y filosóficas modernas, contrarias a la Palabra de Dios, que desacreditan la fe y distorsionan los valores y principios cristianos. No se permite el uso de La Biblia con tanta libertad como en tiempos pasados. Casi ninguno de los profesores era cristiano, y hasta «ser creyente» era un motivo de discriminación, y en algunos casos, hasta de persecución. En mi experiencia personal, mi grupo de estudio era reducido por no acceder a correr los limites morales ni compartir sus ideas. Como resultado, me calificaron de joven conservador y retrógrada.

Con el correr de los años, Dios comenzó a abrir puertas en el área de la *economía*. Surgió en mí el interés y el deseo de saber más acerca de los negocios, e inicié un pequeño emprendimiento de redes sociales y asesoramiento en comunicación. Luego me diversifiqué en otras inversiones hasta fundar una empresa de importación y exportación. Recién ahí me sumergí en el mundo empresarial. Comencé a indagar sobre las empresas reconocidas mundialmente, como así también sobre empresarios adinerados y de mucha influencia. Al buscar en la revista Forbes, una vez más, ningún cristiano formaba parte de esa lista.

Viví una experiencia similar cuando Dios nos llamó a involucrarnos en el área de la *política*. Participé como candidato a un cargo político en mi provincia/estado, y tiempo más tarde, junto a un equipo que comparte la visión, fundamos un partido político propio. Entonces pudimos ver de cerca la corrupción y la oscuridad, entronada en ese ámbito. Políticos sin fe y sin convicciones, conduciendo su país hacia leyes contrarias a Dios. Y una vez más vi la ausencia de luz en otra área, la política.

Al conocer un poco de cada una de estas áreas observé que funcionan como sistemas complejos e independientes, pero a la vez, relacionados entre sí. También identifiqué que como Iglesia nos encontrábamos dentro del salero y no estábamos ejerciendo esa autoridad que Dios nos dio para influenciar y transformar todas estas áreas de la sociedad.

Sin embargo, aún tenía dos preguntas sin respuestas:

- ¿Qué hacer?

- ¿Cómo hacerlo?

Algunas de las conversaciones que comencé a tener con mis padres fueron inquietudes de experiencias en nuestra iglesia, como por ejemplo lo que ocurría con la música secular entre los jóvenes cristianos, ya que veíamos que todos las conocían y las cantaban. Sin embargo, si alguno de nuestros grupos cristianos presentaba una canción en la iglesia, mayormente no la encontrarías en la playlist de los teléfonos celulares de tus compañeros de la universidad, ni sería viral en el grupo de trabajo o en una juntada de amigos. El mundo tenía influencia en la Iglesia, pero la Iglesia no influenciaba al mundo.

La inquietud en mi espíritu era cada día más fuerte.

Necesitaba que el Evangelio llegara también a otras áreas de influencia para que pudiera provocar transformación en otros. Sentí que el avivamiento que se estaba encendiendo dentro de la Iglesia, debía correr sobre todas las áreas. Para esto necesitábamos megáfonos del Reino. Cristianos que levanten su voz y lleven el mensaje a todo el mundo.

En este proceso comencé un tiempo de ayuno y oración, de estudio de la Biblia y de bosquejos en servilletas. Así surgió el origen y la visión de **Somos La Voz**.

Una de las respuestas a mi clamor fue cuando llegó a mis manos un libro que me aclaró un poco más aquello que venía sintiendo. El autor se refería a cada área de la sociedad como un «monte»: economía, familia, deporte, arte, educación, gobierno, religión, salud y medios de comunicación.

Hoy en día, clasificaron a la Iglesia como un monte más, similar y de igual relevancia que las demás áreas de la sociedad. A través de esta ilustración será más sencillo comprenderlo.

Pero Dios, en Su Palabra nos anima a ser la luz del mundo y no una estrella de la Iglesia (Mateo 5:14). Es decir, nos impulsa a no encerrarnos en un «monte» y ser la luz de nuestra propia área sino a salir para iluminar otros espacios que viven en oscuridad. Como Iglesia necesitamos tener una revelación clara de la autoridad que tenemos, y ejercer el propósito que Dios nos asignó. Quizás, lo único que estábamos haciendo era agrandar nuestro monte, en vez de afectar a todos los demás. En realidad, Dios quiere que la Iglesia vuelva a su lugar de origen influenciando con el Evangelio todas las áreas de la sociedad.

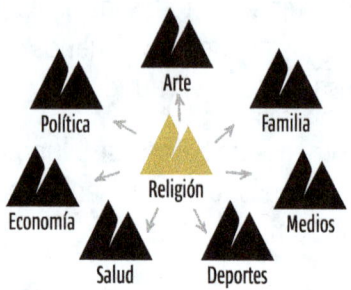

La Iglesia tenía sus antorchas escondidas en un cajón, haciendo referencia a Lucas 11:33 que dice: «Nadie enciende una lámpara para esconderla, o para ponerla debajo de un cajón. Todo lo contrario: se pone en un lugar alto, para que alumbre a todos los que entran en la casa».

Es el tiempo de que cada antorcha influencie otros montes, y así alumbrar a la sociedad.

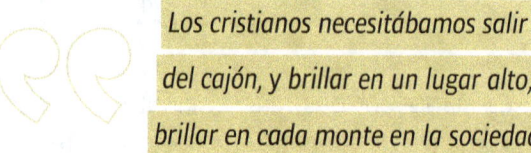

Los cristianos necesitábamos salir del cajón, y brillar en un lugar alto, brillar en cada monte en la sociedad

LA VISIÓN EN ACCIÓN

En respuesta a esta visión, junto a mi esposa comenzamos el movimiento **Somos La Voz**. Todo surgió paulatinamente, incluso iniciamos con pequeñas acciones pero que produjeron una gran repercusión en la sociedad. Junto a un gran equipo que compartía el mismo sentir, comenzamos a trabajar con emprendedores, brindándoles capacitación, mentoreo y acompañándolos para que prosperen en su desarrollo económico. Muchos de ellos, a pesar de comenzar de cero, hoy se han convertido en grandes empresarios que generan puestos de trabajo, aportan movimiento a la economía local, y por supuesto, son una antorcha en lo alto de ese monte, evangelizando y expandiendo el mensaje del reino.

Luego comenzamos a trabajar con mi fundación, implementando proyectos integrales en el área de ayuda social, no solo brindando asistencia sino también capacitándolos, compartiéndoles herramientas con bases bíblicas para su desarrollo personal.

Poco tiempo después nos involucramos con una organización internacional llamada **Congreso Iberoamericano por la Vida y la Familia**, junto con quienes visitamos la **OEA** en su asamblea número 49, en el año 2019. Donde luego de algunos años de participación, fuimos nombrados Líderes de la Juventud de dicho Congreso.

Al visitar la OEA pudimos identificar cuán ausentes habíamos permanecido como Iglesia en este tipo de organizaciones internacionales. Todas las agendas que, con el tiempo afectarían de manera directa las fronteras de nuestro sistema eclesiástico, no estaban representadas por cristianos sino por personas de influencia directamente secular. Esto nos llevó a generar junto con mi esposa, una herramienta política local. El partido político propio anteriormente mencionado.

LEVANTA TU VOZ

Esto no solo pasaba en la sociedad, sino que con el tiempo nos dimos cuenta de que los otros montes habían ingresado sutilmente su oscuridad en nuestro monte. No teníamos las herramientas suficientes para responder a un bombardeo masivo de ideología a través de series, películas, artistas, políticas internacionales y organizaciones altamente financiadas para deconstruir la moral de esta generación y atacar directamente a cualquiera que piense diferente o crea en los valores cristianos.

Frente a esto, la Iglesia debe ==romper el silencio== y levantar la voz en el desierto, como Juan el Bautista, y poder reconstruir algunos muros que habíamos descuidado por mucho tiempo, como Nehemías. El descuidar los muros, logró que las tendencias ideológicas posmodernas también se filtraran en nuestra cultura cristiana, con conocimientos confusos como la verdad relativa, la inclusión y la tolerancia.

En conclusión, la falta de herramientas y el silencio de la Iglesia al no concientizar y capacitar sobre los ataques ideológicos y la persecución religiosa del mundo, favoreció a que haya un grupo de cristianos que antes sostenía sus convicciones de acuerdo con la Palabra, y hoy fueron distorsionadas. Por ejemplo, un gran porcentaje que antes estaban en desacuerdo con el aborto, hoy lo justifican. También existe un gran porcentaje que a comienzos de la década estaba en contra de la eutanasia, y hoy se manifiesta a favor. Ni hablar de ideologías que han distorsionado la identidad de nuestros adolescentes y jóvenes con relación a su género dentro de nuestras iglesias.

> *«¡Ay de los que llaman bueno a lo malo, y malo a lo bueno! ¡Ay de los que convierten la luz en tinieblas, y las tinieblas en luz! ¡Ay de los que convierten lo amargo en dulce, y lo dulce en amargo!»*
>
> Isaías 5:20

Y tristemente en este tiempo estamos, llegamos hasta el punto de dudar sobre la verdad, y la rigidez de los fundamentos bíblicos. Ya no sabemos cómo hablar de estos temas tan delicados en la Iglesia, desconocemos en qué áreas debemos evolucionar y en cuáles debemos mantenernos firmes. No sabemos en cuáles ser la voz, y cuándo mantenernos callados para no lastimar a aquellos a quienes también queremos evangelizar.

> *Frente a esto, la Iglesia debe romper el silencio y levantar la voz en el desierto, como Juan el Bautista, y poder reconstruir algunos muros que habíamos descuidado por mucho tiempo, como Nehemías.*

Por esto decidimos escribir este libro y desarrollar, en los capítulos siguientes, algunos de los temas que hemos mencionado. Ahora, luego de comprender el origen de la visión integral de ==Somos La Voz==, nos gustaría desplegar en profundidad nuestra causa, y ser conscientes de que las sirenas están sonando. Nos encontramos en estado de alerta máxima: ==«*Alerta roja*»==.

RESUMEN

EL ORIGEN

- La iglesia retomando su autoridad y el protagonismo en los sistemas, levantando el estantdarte del Reino, llevando salvacion y dandole la Gloria a Dios

- El mundo es influenciado por sistemas como:

  - Politica
  - Economia
  - Medios de comunicacion
  - Educacion
  - Arte
  - Religion
  - Deporte

- Segun Mateo 5:13, la iglesia es la luz del mundo.

> *"El mundo quiso encerrar a la iglesia dentro de un sistema. Pero hoy salimos del cajon, para ser luz en la sociedad y que dejen de andar en oscuridad".*

MIS NOTAS

CAPÍTULO 2
ALERTA ROJA

El tiempo que estamos transitando es crítico y clave para que como Iglesia de Cristo nos levantemos y rompamos el silencio. No solo por los cambios políticos, ideológicos y sociales, sino por la intención que el mundo tiene de pretender detener el evangelismo y la salvación de la sociedad.

Una de las experiencias que me ayudó a comprender que estamos en un tiempo de alerta roja, fue cuando tuve el placer de visitar el Museo del Holocausto, en la ciudad de Washington. Allí observé las atrocidades que realizó el régimen totalitario de la Alemania Nazi. En el recorrido, que comenzaba en el tercer piso del edificio, pudimos conocer la historia a través de elementos rescatados de la época, junto a fotos tenebrosas en imágenes de tamaño real, y testimonios muy tristes de lo vivido.

Todo aquello me llevó a analizar algunos sucesos de la cultura, la política y la sociedad. Como, por ejemplo, estrategias de propaganda y comunicación utilizadas por el líder político y militar Adolfo Hitler, para imponer sus ideas al pueblo, y realizar con el favor de su nación, uno de los crímenes de lesa humanidad más violentos y crueles de la historia.

Junto a mi esposa y otros líderes amigos, transitamos esos pasillos cargados de historia, llenos de sorpresa y dolor por lo que nuestros ojos veían bajo la iluminación cálida y triste de los relatos. Apenas algunas lámparas alumbraban respetuosamente elementos desgastados de la época. Pero una de las cosas que más nos sorprendió fue ver cómo lograron llevar a cabo un plan tan inhumano influenciando al pueblo a ponerse de su lado, aceptando la persecución, apoyando y militando esas ideas. Cabe aclarar que no todos los alemanes fueron aliados al nazismo, ya que hubo muchos héroes sin capa, que salvaron a cientos de miles de personas del salvajismo nazi. Aunque lamentablemente otros miles quedaron atrapados en los tentáculos de las ideas discriminatorias y totalitarias de Hitler.

Todo fue fruto de un diseño diabólico que se implementó muy lentamente, de manera progresiva, sutil y casi imperceptible, utilizando mucha propaganda política que animaron a que sus ideas antisemitas y discriminatorias sean aceptadas por la cultura y la sociedad.

Mientras contemplábamos estas imágenes, uno de los pastores amigos que formaba parte de nuestro grupo, se acercó y en voz baja me dijo que, lo más escalofriante de esa parte del relato, era ver cómo hoy distintas organizaciones querían lograr lo mismo con otras ideologías.

Luego de escuchar el comentario de mi amigo comencé a leer cada descripción al costado de las imágenes, cuadros y diferentes elementos de la historia, de una manera muy distinta con la que había comenzado el recorrido. Mi corazón y mi espíritu se habían inquietado. Al observar con cuidado cada parte de la estrategia, pude descubrir la similitud con la realidad que hoy estamos viviendo como Iglesia en la interacción con la sociedad. Comprendí cómo habían utilizado estratégicamente cada monte o sistema para adoctrinar e influenciar la cultura del momento, igual como lo hacen hoy en día.

La estrategia siempre es comenzar imponiéndolas culturalmente, para luego ser aceptadas socialmente. De esta manera, comencé a ver claramente las estrategias políticas nazis con otros lentes que me permitieron vincularlas con la realidad de estos tiempos.

Analicemos juntos algunos ejemplos de cómo la estructura nazi utilizó los sistemas para la realización de su plan integral y cómo se asemeja con lo que estamos viviendo:

A-MEDIOS DE COMUNICACIÓN

El gobierno nazi destinó recursos de todo tipo para la propaganda del partido y sus ideas. Fueron pioneros en utilizar la radio como arma de adoctrinamiento ideológico. Monopolizaron la comunicación política en periódicos locales, empapelaron las calles de afiches partidarios, y minaron con sus símbolos cada marcha y cada esquina del país. Así lograron posicionar sus ideas en la agenda pública y ponerlas de moda en la sociedad. Fueron expertos en utilizar los medios de comunicación como bombardeos ideológicos hacia la sociedad.

Hoy en día, las nuevas ideologías promueven y financian programas de televisión con un tinte ideológico. Por ejemplo, los programas de radio más escuchados en Latinoamérica, tienen fuertes posturas ideológicas. Ni hablar de grandes empresas productoras de cine y series de televisión para adultos, jóvenes y niños, a quienes constantemente intentan adoctrinar con series y películas de manera directa, naturalizando ideologías que solo integran una minoría, y que han sido fuertes promotores de la agenda 2030.

B-ECONOMÍA

Los nazis iniciaron su persecución oprimiendo poco a poco la economía de los comerciantes judíos y las comunidades perseguidas. La forma de implementarlo fue pedirles a los ciudadanos alemanes que no les compraran a ellos ni solicitaran sus servicios. De esta forma, debilitaban su poder económico como parte del plan integral.

Hoy en día, hay empresas que financian y promueven esta «imposición ideológica», y que aportan mucho dinero a organizaciones del colectivo LGTBIQ+. Algunos gobiernos, como el de Argentina, que en el 2023 destinaron más recursos al *Ministerio de la mujer y diversidad* (priorizando la ideología de género), más que los que han destinado para el Ministerio de salud, educación y seguridad.

C-EDUCACIÓN

En nuestro recorrido por el museo, hemos visto imágenes y videos de cómo los nazis adoctrinaban en las escuelas y las universidades, pretendiendo implementar estas nuevas ideas discriminatorias en los más jóvenes, quienes eran vistos como potenciales militantes de su ideología. También quemaron y destruyeron en espacios públicos, ante la vista de todos, libros, materiales religiosos e importantes manuscritos históricos pertenecientes al pueblo judío.

En la actualidad, el estado quiere tener la autoridad de educar a los niños por sobre la de los padres y las familias. Con respecto a la religión, en muchas escuelas, la Biblia ha sido eliminada, declarándola un libro discriminatorio.

Han contaminado la educación sexual con ideología de género, tratando de implementar el lenguaje inclusivo hablando y escribiendo con «x» y «e», distorsionando conceptos como el «Día del niño», por el «Día de la niñez», entre otras cosas. Invadieron con esta misma propaganda las universidades, queriendo utilizarlas como centros de adoctrinamiento ideológico y político.

D-POLÍTICA

Con la sociedad de su lado, los militantes nazistas estaban en condiciones de comenzar a reprimir a los judíos con políticas de gobierno, aprobando leyes que restringían sus libertades, autorizar su detención o ser encarcelados sin motivos aparentes.

Hoy en día nos encontramos con políticas públicas que respaldan y promueven estas agendas ideológicas y que respaldan sutilmente leyes y movimientos que persiguen a la iglesia y su fe. Por ejemplo, en algunos países de Sudamérica han aprobado una ley donde cualquier denuncia de expresión discriminatoria o mensaje que se identifique como homofóbico, puede ser castigado con prisión.

Claramente, mientras caminábamos por los silenciosos y dolorosos pasillos del museo, podíamos profundizar mucho más en los detalles estratégicos y políticos del proceso Nazi. En la actualidad, se utilizan los sistemas de forma similar, para imponer determinadas ideologías y fortalecer minorías que responden a una agenda global. No bastándoles con esto, pretenden desacreditar a los que creen algo diferente, a quienes defienden valores y principios cristianos, y a las organizaciones que predican sobre un estilo de vida con bases bíblicas. Entonces entendimos la urgencia de tomar conciencia como Iglesia, de no ser ingenuos en la batalla cultural que tenemos que dar, porque va en contra de nuestras libertades, tanto de conciencia como de expresión y por supuesto, la religiosa.

Esa larga caminata nos llevó al último piso del recorrido. Allí fue cuando nos quedamos paralizados frente a las escalofriantes pantallas que mostraban imágenes reales, grabadas en los estremecedores campos de concentración, en los momentos previos a su liberación.

Con un nudo en la garganta que casi no nos permitía hablar, solo podíamos mirarnos con ojos llorosos y llenos de confusión, y entonces comprender cómo ese plan de implementación de ideas aterradoras, había logrado que la sociedad sea insensible e indiferente al dolor de los demás, y en el peor de los casos apoyando la causa del exterminio.

> *Entonces entendimos la urgencia de tomar conciencia como Iglesia, de no ser ingenuos en la batalla cultural que tenemos que dar, porque va en contra de nuestras*

Entonces, mi esposa Milu, con quien no habíamos interactuado mucho desde el inicio del recorrido, me dijo en voz muy baja: «Esto es muy similar a lo que intentan hacer las organizaciones internacionales, como, por ejemplo, el Foro de São Paulo, la OEA (Organización de los Estados Americanos), entre otros, que promueven su agenda 2030, con un fuerte trasfondo ideológico, que distorsiona conceptos e impone ideas progresistas en la cultura».

Nuevamente mi esposa me mira, se acerca un poco más y esta vez casi susurrando me dijo: «Incluso utilizan la misma estrategia de difamar a cualquier comunidad, organización o persona que piense distinto, como a nosotros, la Iglesia, que no nos dejan en paz».

Mi respuesta no fue más que un fuerte silencio por varios minutos, hasta que en un intervalo del recorrido logramos retomar la conversación y asociamos todo lo recientemente aprendido con lo que está ocurriendo en nuestros tiempos.

Para muchos, la persecución religiosa es algo lejano, pero permíteme decir que, ya no lo es. Hemos visto cómo logró afectar a varios pastores en América. Recientemente supimos del caso de un pastor que había sido procesado por una denuncia por discriminación, aludiendo a que su predicación sobre el arrepentimiento, en realidad era un discurso de odio. Otro es el caso de un pastor en México, que fue a juicio por predicar según los valores bíblicos, y otros tantos más. Al recopilarlos mentalmente nos sorprendimos al descubrir que la lista era más larga de lo que hasta ese momento habíamos tomado conciencia.

AVANCE DEL ADOCTRINAMIENTO

Es alarmante la manera en la que el adoctrinamiento cultural ha avanzado y cómo actualmente nos encontramos en medio de una agresiva persecución religiosa, al querer posicionarnos socialmente como «los odiadores», para que la gente no sienta empatía ni dolor por la opresión que se irá intensificando progresivamente. No cabe duda de que la Iglesia cristiana en todo el mundo, siempre fue la primera en demostrar amor y compromiso social, sin importar si se trataba de una catástrofe climática, una pandemia o una guerra. Pero dichas intervenciones parecerían irrelevantes, ya que la anestesia ha comenzado a hacer efecto en la sociedad, posicionándose apáticamente frente a la persecución directa a la iglesia, quien ha sido difamada mediáticamente y perseguida políticamente; desacreditando la religión y ridiculizando la fe cristiana.

En esos silenciosos pasillos concluimos nuestra conversación asumiendo que la estrategia utilizada hoy es muy similar o casi idéntica a la aplicada por el dictador alemán homicida, quien buscaba establecer un nuevo orden, con nuevas ideologías y en una absoluta hegemonía.

EJEMPLOS DE LA ACTUALIDAD

Hace un tiempo hablé con una persona que trabaja en el área de salud de un estado norteamericano, muy colonizado ideológicamente. Ella nos contaba cuán marginada y discriminada era por respetar los valores cristianos en un consultorio que promovía la agenda LGTBIQ+. Allí practicaban abortos y realizaban la hormonización, que consiste en el uso de medicación para modificar el cuerpo en función de la identidad de género «auto percibida». De esta manera, inhiben o aumentan el nivel de «hormonas masculinas o femeninas» para generar un cambio de género. Sin lagrimear, ella intentaba contarnos su vivencia, pero su voz entrecortada revelaba la tristeza que atravesaba a causa de esta persecución no solo con presión por las políticas del consultorio, sino con la indiferencia de sus colegas. El problema nunca fue un tema de incumplimiento en su tarea específica como profesional. Todo se trataba de quiénes compartían o no, las ideas progresistas de la agenda 2030, las cuales militaban y promovían desde su trabajo.

Podemos observar este patrón con diferentes niveles de agresividad, pero ramificados en todos los espacios y en todos los sistemas. Es decir, que esta persecución ideológica y social la encontramos en lo laboral, pero también en los ámbitos educativos, donde los jóvenes y adolescentes son perseguidos y discriminados por tener valores y principios cristianos. Cualquiera que sostenga sus convicciones, puede ser visto como una amenaza a estas ideas. Por ejemplo, antes, el **bullying** se trataba principalmente de cuestiones estéticas, de clases sociales o de color de piel; pero hoy, la discriminación y el acoso se presentan por cuestiones de fe o de ideas.

¿Ahora entiendes que estamos en un estado de alerta?

¿Entiendes que, la persecución a la Iglesia ya llegó?

¿Entiendes por qué debemos romper el silencio?

¿Entiendes por qué debemos ser la voz?

LÍNEA DE BATALLA

Por eso quiero que, cuando finalices este libro puedas tomar conciencia del estado de alerta en el que estamos viviendo, que comprendas cómo el infierno está moviendo los hilos en la tierra, y cómo la anarquía moral y la turbulencia social son consecuencia de un plan espiritual orquestado desde el infierno bajo el espíritu del anticristo.

Frente a este estado de alerta, tiene que levantarse una generación como David, que conocía a Dios en intimidad, tenía Su revelación, lo adoraba con el arpa, pero también fue un guerrero que supo tomar su onda e ir con Dios a la línea de batalla para matar al gigante que amenazaba a su nación. De esta manera, logró cambios relevantes en la sociedad a través de la unción y la comunión.

En el próximo capítulo profundizaremos sobre el operativo espiritual que existe detrás de toda la agenda global. Así que abróchate los cinturones, y prepárate para esta nueva aventura en la Matrix espiritual.

> *En estos tiempos, se levanta una generación como David, que adoraba a Dios con su arpa, pero cuando la nación estuvo en peligro, también fue un guerrero que supo correr a la línea de batalla para enfrentar al Goliat que amenazaba a su generación.*

RESUMEN

ALERTA ROJA

El mundo ha entrado en estado de alerta

Una agenda global ha entrado en accion intentando deconstruir todo lo que la iglesia edifico en las naciones, por generaciones.

Los valores y principios biblicos estan siendo atacados: solidaridad, generosidad, integridad, humildad, amor, trabajo, paz, entre otros.

Esta agenda se intenta aplicar con estrategias integrales, similares a las que utilizaban el regimen nazis. Contaminando con su ideologia la educacion, economia, medios de comunicacion y todos los demas sistemas.

> " Seamos la generacion de David, que corre a la linea de batalla para enfrentar a los Goliats que le gritan a nuestra nacion, poniendo en estado de alerta nuestra generacion".

MIS NOTAS

CAPÍTULO 3
EL LENTE ESPIRITUAL

(...) pero los que no son espirituales no pueden recibir esas verdades de parte del Espíritu de Dios. Todo les suena ridículo y no pueden entenderlo, porque solo los que son espirituales pueden entender lo que el Espíritu quiere decir

1 Corintios 2:14 NTV

REQUERIMIENTO

Para transitar este capítulo te invito a colocarte las lentes espirituales y así analizar la transición social desde el lado correcto.

En una oportunidad estábamos con mi esposa en los Estados Unidos, participando de un evento de liderazgo cristiano en la batalla cultural. Este se dictaba en el auditorio de una organización Provida que prestaba un espacio acondicionado para las charlas. Entre conferencia y conferencia, de pronto irrumpió en la sala un hombre alto, de tez blanca y muy bien vestido, pero al mismo tiempo modesto, era el presidente de la organización anfitriona. Lo invitaron a saludar a la audiencia y decir unas palabras. Entonces comencé a percibir el respaldo espiritual que había en las palabras de su discurso, motivándonos a permanecer involucrados en la lucha transversal que estaba dando la Iglesia, defendiendo los valores y principios cristianos.

Al finalizar el saludo comenzamos a hacerle diferentes preguntas, pero una en especial me llamó la atención: «¿Cuándo comenzó la lucha global en contra de la Iglesia?». Esperaba una respuesta técnica, sin embargo, fue sencilla y con un tinte espiritual que no suele ser común, incluso en estos seminarios cristianos. Él dijo algo como: «Esto no inició con una lucha global de nuestra generación y la generación anterior. Comenzó cuando Lucifer fue lanzado a la tierra a perseguir todo lo creado por Dios para distorsionarlo y destruirlo. Desde entonces, cada líder cristiano tuvo que luchar con naciones que perseguían a la Iglesia, contra faraones que buscaban esclavizar a Israel, contra la religión que crucificó a Jesús y los imperios que querían exterminar a los apóstoles. Estos son los mismos demonios, con el mismo plan espiritual, pero disfrazados de ideologías contrarias a Dios, detrás de agendas globales, comandando organizaciones internacionales y operando también en algunos gobiernos nacionales».

Siempre supe que nuestra lucha también era espiritual, pero nunca lo había visto desde la perspectiva de una misma línea de tiempo. Desde el comienzo de la humanidad tuvimos que enfrentar al espíritu del anticristo que se adaptaba a cada época, a cada sistema político y a cada cultura. Indudablemente mantuvo siempre el mismo plan: Alejar al hombre de Dios y destruirlo integralmente.

Mientras las preguntas y respuestas continuaban, sentí la necesidad de detenerme en este punto, allí había una revelación escondida y estaba dispuesto a encontrarla.

NUESTRO VERDADERO ENEMIGO

En la búsqueda intensiva sobre el tema, me encontré con una serie de citas bíblicas que empezaron a marcarme la dirección, como lámparas alumbrándome el camino. El viaje comenzó con Efesios 6:12 (NVI):

«Porque nuestra lucha no es contra seres humanos, sino contra poderes, contra autoridades, contra potestades que dominan este mundo de tinieblas, contra fuerzas espirituales malignas en las regiones celestiales».

Entonces necesité acomodar mis prioridades personales como mi estrategia ministerial y el enfoque de mi visión. Hasta ese momento había direccionado los cañones hacia las ideas, las personas que las militaban y las organizaciones que las impulsaban. Pero ahora los identificaba como víctimas de potestades que dominaban este mundo de tinieblas.

Había organizado algunas actividades de resistencia, con estrategias de choque y confrontación, pero Dios comenzó a mostrarme que necesitaba ver esta lucha de transición social, con los lentes espirituales y no confrontarlos con las mismas armas o estrategias que ellos estaban usando. Entonces me mostró la siguiente «perla bíblica» en el libro a los Corintios:

> *Usamos las armas poderosas de Dios, no las del mundo, para derribar las fortalezas del razonamiento humano y para destruir argumentos falsos. Destruimos todo obstáculo de arrogancia que impide que la gente conozca a Dios. Capturamos los pensamientos rebeldes y enseñamos a las personas a obedecer a Cristo*
>
> 2 Corintios 10:4-5 NTV

Nuestras armas no son carnales sino poderosas en Dios. Es decir, que, si ingresamos con políticos cristianos a la legislatura o participamos de lugares de influencia sin armas espirituales, es como entrar al campo de batallas totalmente desarmados.

No solo debía cambiar la estrategia, sino que también debía cambiar las armas y las municiones. El problema ya no era una persona con pañuelos de algún color, ni un gobierno financiando ideologías contrarias a Dios. Debíamos destruir argumentos falsos y las fortalezas espirituales que el enemigo se había encargado de levantar en las generaciones. El diablo, como padre de mentiras, se ocupa de dar a luz una generación que no crea en la verdad. Así logró imponer la llamada **VERDAD RELATIVA**, porque de esa manera todo sería cuestionado y podrían hacer cosas malas de acuerdo con la oscuridad que los engendró. Era necesario cambiar la lente con la que estaba viendo la causa.

> *Pues ustedes son hijos de su padre, el diablo, y les encanta hacer las cosas malvadas que él hace. Él ha sido asesino desde el principio y siempre ha odiado la verdad, porque en él no hay verdad. Cuando miente, actúa de acuerdo con su naturaleza porque es mentiroso y el padre de la mentira*
>
> Juan 8:44 NTV

Basados en la verdad bíblica, el diablo es el ideólogo de todo lo que estamos viviendo. Siempre lo fue. Desde el comienzo, en el Edén, buscó mentir y manipular al hombre para robar, matar y destruir, como lo describe Juan, en el capítulo 10. Pero es interesante ver cómo, luego de la desobediencia de Eva al caer en las mentiras de la serpiente, recibió la siguiente maldición:

«Pondré enemistad entre tú y la mujer, y entre tu simiente y la de ella; su simiente te aplastará la cabeza, pero tú le morderás el talón»

(Génesis 3:15 NVI).

Por alguna extraña razón, Dios le dio la posibilidad a la serpiente de morder a la mujer. Algunos han encontrado en este texto una interpretación profética sobre la muerte de Jesús y la victoria en la cruz. Pero me gustaría resaltar que la serpiente podría atacar a la mujer y dañarla. Sin embargo, su simiente le aplastaría la cabeza.

VICTORIA ASEGURADA

La visión espiritual que quiero que recuerdes de este capítulo, es que el infierno siempre ha querido morder a la Iglesia y lastimarla, pero la Palabra dice: «Sí, les he dado autoridad a ustedes para pisotear serpientes y escorpiones y vencer todo el poder del enemigo; nada les podrá hacer daño» (Lucas 10:19 NVI).

Deseo que puedas ver esta gran lucha con una visión de eternidad, con los lentes espirituales de una enemistad con la serpiente que nació en los comienzos de la humanidad, con su deseo insaciable por lastimar a la Iglesia. Pero, al mismo tiempo, por la obra de Cristo en la cruz, hemos recuperado la autoridad divina para aplastarle la cabeza con armas espirituales, derribando fortalezas levantadas por años en las generaciones.

Es necesario comprender que nuestro enemigo es espiritual y debemos correr a la línea de batalla con lentes de realidad aumentada, para ver lo que en verdad comanda lo natural. Esto no quiere decir que debemos encerrarnos en cuatro paredes para solamente orar, porque Dios le dijo a Moisés que no era tiempo de orar sino de marchar (Éxodo 14:15). Pero, es necesario tener un concepto espiritual de los procesos culturales, sociales e ideológicos que está atravesando la Iglesia, y marchar al campo de batalla conociendo el final de la película. Debemos reafirmar que el cielo ya venció al mundo y derrotó al infierno. Ahora la Iglesia tiene la autoridad, el poder y las armas espirituales necesarias para vencer la guerra y ver materializada la victoria.

«Y te daré las llaves del reino del cielo. Todo lo que prohíbas en la tierra será prohibido en el cielo, y todo lo que permitas en la tierra será permitido en el cielo»

Mateo 16:19 NTV

Desde una visión espiritual de la batalla, podemos entender que el infierno gana cuando logra frenar el avance de la Iglesia en la sociedad y limitar la salvación de una generación. Por un lado, nos encontramos con un Jesús que comparte la mesa con una persona corrupta y muy adinerada, llamada Zaqueo. Alguien que podía financiar el ministerio del Mesías o bien beneficiar políticamente a sus seguidores y disminuir impuestos para sus discípulos, pero luego de leer el texto a continuación identificaremos la respuesta de Jesús después de haber almorzado con Zaqueo.

«Mientras tanto, Zaqueo se puso de pie delante del Señor y dijo: —Señor, daré la mitad de mi riqueza a los pobres y, si estafé a alguien con sus impuestos, le devolveré cuatro veces más. Jesús respondió: —La salvación ha venido hoy a esta casa, porque este hombre ha demostrado ser un verdadero hijo de Abraham»

Lucas 19:8 NTV

Es interesante observar que Zaqueo está exteriorizando una transformación interna, pensaba que iba a recibir algún tipo de reconocimiento de parte del maestro. Sin embargo, Jesús lejos de felicitar los indicios de honestidad e integridad que estaba teniendo, vuelve a enfocarlo en el verso 9, diciéndole que lo importante era la salvación. Jesús sabía que cambiar leyes es algo natural y pasajero, pero transformar la vida de una persona, sería algo eterno. Y por supuesto, luego ese cambio se exterioriza terminando con la corrupción.

Por eso, cuando Jesús ascendió a los cielos nos dejó una asignación eterna de predicar el Evangelio, no de hacer dinero ni cambiar leyes. Porque si transformamos a los «Zaqueos», estaríamos pisándole la cabeza a la serpiente, haciendo retroceder al infierno, y al exteriorizar la salvación, veríamos la maldición de pobreza siendo extirpada de una persona, una familia y una nación. Veríamos una generación siendo luz en cada esfera social. Los justos gobernarían sin corrupción, permitiendo la guía del Espíritu en toda verdad. La economía sería creciente y destinada a la expansión del Evangelio y a la ayuda de los necesitados. La educación enseñaría el temor a Dios y los beneficios de caminar en los valores bíblicos. Estas entre otras transformaciones que soñamos ver en el mundo, serían consecuencia de una Iglesia que sabe usar sus lentes espirituales para poder ver políticos, empresarios, deportistas, artistas, educadores y ministros enfocados en la transformación espiritual de las personas que llevarán adelante un avivamiento transversal para provocar una verdadera transformación social.

Porque, luego de las palabras de ese hombre respondiendo preguntas de manera apresurada, en ese salón no muy grande de su organización, tuve que reacomodar mi tablero personal para entender que lo transcendente siempre fue tener una mirada espiritual con visión de eternidad.

> *Desde una visión espiritual de la batalla, podemos entender que el infierno gana cuando logra frenar el avance de la Iglesia en la sociedad y limitar la salvación de la generación.*

CONSEJOS ESPIRITUALES

Quiero compartirte cuatro herramientas espirituales que Dios me remarcó para utilizarlas como armas espirituales en esta batalla:

1- LA ORACIÓN: Todo cristiano llamado a misionar en la política, toma como referencia la vida de Daniel. Un líder político destacado, pero con una característica particular: la oración era su prioridad. El texto del capítulo 6, verso 10, del libro de Daniel dice que oraba tres veces por día. Si quieres imitarlo debes priorizar la oración antes que la gestión.

2- EL AYUNO: Antes de que la reina Ester arriesgara su vida para salvar a Israel, le pidió al pueblo que orara y ayunara (Ester 4:16). Encontramos otro ejemplo en Deuteronomio 9:9, cuando Moisés ayunó cuarenta días antes de recibir las leyes del pacto. Hoy, algunos misioneros quieren recibir diseños del cielo sin ayunar. También vemos a Jesús, antes de comenzar su ministerio, que dedicó 40 días al ayuno y a la oración. Hoy, debemos considerar el ayuno como un elemento fundamental para los «misioneros de la transformación».

3- LA PALABRA: «El cielo y la tierra pasarán, pero mis palabras jamás pasarán» (Mateo 24:35). Jesús tuvo una experiencia increíble con Juan el Bautista cuando se estaba bautizando. De repente, los cielos se abrieron y se escuchó la voz del Padre de una manera impetuosa, y si eso parecía poco, descendió el Espíritu Santo con todo Su poder, majestad y elegancia, en forma de paloma, y reposó sobre Él.

Sin embargo, cuando el enemigo fue a tentarlo al desierto, según narra Mateo 4, Jesús no se defendió con la extraordinaria experiencia que acababa de tener en su bautismo, sino que recurrió a la Biblia, a la Palabra de Dios, como arma letal.

Porque cuando lleguen los desiertos, las tentaciones, y los procesos, lo único que te sostendrá es la Palabra de Dios. Pero no solo será la base fundamental de tu vida, sino que será una espada. Eso vemos en Pablo, un experto en la Palabra, y la usaba para condimentar con la cultura actual y predicar de manera estratégica.

4- VESTIMENTA ESPIRITUAL:

«Por tanto, tomad toda la armadura de Dios, para que podáis resistir en el día malo, y habiendo acabado todo, estar firmes. Estad, pues, firmes, ceñidos vuestros lomos con la verdad, y vestidos con la coraza de justicia, y calzados los pies con el apresto del evangelio de la paz. Sobre todo, tomad el escudo de la fe, con que podáis apagar todos los dardos de fuego del maligno. Y tomad el yelmo de la salvación, y la espada del Espíritu, que es la palabra de Dios; orando en todo tiempo con toda oración y súplica en el Espíritu, y velando en ello con toda perseverancia y súplica por todos los santos»

Efesios 6:13-18

Claramente la Palabra nos enseña cómo debe alistarse espiritualmente un soldado de la causa que va al campo de batalla. Identificamos que nombra y afirma algunos elementos desarrollados anteriormente como: la Palabra y la oración; pero agrega otros fundamentales como **LA VERDAD, LA JUSTICIA, EL EVANGELIO DE PAZ, LA FE Y LA SALVACIÓN.**

Luego de visualizar nuestra batalla con los lentes correctos, de prepararnos espiritualmente con nuestras armaduras espirituales y entender que lo espiritual gobierna lo natural; estamos listos para correr hacia la línea de batalla y romper el silencio.

RESUMEN

EL LENTE ESPIRITUAL

Efesios 6:12 NVI - **Porque nuestra lucha no es contra seres humanos, sino contra poderes, contra autoridades, contra potestades que dominan este mundo de tinieblas, contra fuerzas espirituales malignas en las regiones celestiales.**

Convocatoria del cielo:

- Asignacion divina

- Autoridad espiritual para un enemigo espiritual

- Preparacion: Oracion (Colosenses 4:2 ntv), ayuno (Esdras 8:23), biblia (Mateo 4:4), armadura espiritual (Efesios 6:13-17)

El enemigo nos quiere forzar a mirar a los sistemas con lentes naturales (llevarnos a su terreno pantanoso) para lograr sacarnos del llamado eterno y abortar el proposito espiritual.

4
UNA GENERACIÓN
que rompe el silencio

CAPÍTULO 4

UNA GENERACIÓN QUE ROMPE EL SILENCIO

Desde la caída del hombre en el Huerto del Edén, la humanidad entró en crisis. La sociedad vive sumergida en constantes conflictos, en un embudo de deterioro moral de las civilizaciones, en un intento constante por separarnos de Dios. Pero Él siempre levantó profetas, siempre mantuvo un remanente listo para romper el silencio. Por eso hoy, está reclutando a los centinelas que desde los muros reconstruidos van a ser la voz de esta generación.

> «Busqué a alguien que pudiera reconstruir la muralla de justicia que resguarda al país. Busqué a alguien que se pusiera en la brecha de la muralla para que yo no tuviera que destruirlos, pero no encontré a nadie»
>
> Ezequiel 22:30 NTV

El mundo espera ansiosamente ver a los hijos de Dios en acción. Pero es conmovedor ver que el mismo Dios está buscando que alguno de sus hijos se accione a Su favor. Alguien que reconstruya los muros caídos y bombardeados, que se ponga en la brecha, que se sume al reclutamiento espiritual del remanente de los últimos tiempos. Alguien que tome el desafío de vivir por algo más grande que él mismo, que sienta el privilegio de morir por algo más grande que su vida misma. Alguien que se pare en la muralla de su pueblo, en las fronteras de sus convicciones y defienda las trincheras como centinela de esta generación.

> *«Ahora, hijo de hombre, te pongo por centinela del pueblo de Israel. Por lo tanto, escucha lo que digo y adviérteles de mi parte»*
>
> **Ezequiel 33:7 NTV**

Un centinela no es alguien que solo debe cuidar las fronteras, sino quien debe escuchar a Dios, para ser Su voz en esta generación. Es una convocatoria divina para alistarse y prepararse para un combate espiritual, cuerpo a cuerpo en las trincheras. Es una lucha que defiende los principios bíblicos y la extensión del Reino. Para ello, los centinelas deben involucrarse intencionalmente en las trincheras políticas, económicas, del arte, del entretenimiento y de los medios de comunicación; en la trinchera educativa, de la familia y del deporte.

CENTINELAS EN ACCIÓN

La historia nos presenta el ejemplo de grandes hombres de Dios de quienes debemos aprender. Ellos dejaron una marca en la historia por haber dado su vida por una causa eterna, por haber luchado con los lentes espirituales y haber dejado un legado que continúa hablando hasta nuestros días.

Por ejemplo, el joven David aceptó la responsabilidad de defender a su nación en lugar de culpar a Saúl de la situación en la que se encontraban o a cualquier integrante de su ejército que era un asalariado dedicado para proteger a Israel. Sin embargo, no buscó responsables, sino que al instante aceptó el desafío de defender a Dios y a su pueblo. Con los lentes espirituales bien colocados y su onda en la mano, corrió a la línea de batalla.

> Un centinela no es alguien que solo debe cuidar las fronteras, sino quien debe escuchar a Dios, para ser su voz en esta generación

Al acercarse, el gigante maldijo a David por sus dioses (1 Samuel 17:43). A lo que David respondió: «yo vengo a ti en el nombre de Jehová de los ejércitos, el Dios de los escuadrones de Israel, a quien tú has provocado» (v.45). Jehová respaldaba a David. Y tirando la primera piedra dejó fuera de combate al gigante Goliat. Esto nos demuestra que cuando hay un centinela con la visión espiritual activa, con el respaldo de Dios y la onda en mano, no hay nada imposible.

La reina Ester entendió que era su tiempo de entrar en acción, que debía ser centinela de su pueblo, y antes de avanzar en el tiempo de acción decidió colocarse los lentes espirituales, y junto al pueblo ingresaron en intenso tiempo de ayuno y oración. Se involucró en una problemática que la sacaría de su zona de confort, la obligaría a tomar riesgos, y rompiendo las reglas entró en la corte real, dispuesta a morir, así lo relata el libro de Ester 4:16. Pero Dios le dio gracia para con el rey, y de esta forma terminó cambiando la historia de su nación y revirtiendo el plan del infierno para aniquilar al pueblo de Dios.

El apóstol Pablo tuvo la misma actitud de centinela, así lo dice Romanos 14:6, donde declaró que no importaba si vivía o moría, porque de igual manera su vida pertenecía al Señor, y la causa del Señor, le pertenecía a él.

El reconocido activista por los derechos civiles, Martin Luther King, ministro bautista y líder de las luchas pacíficas por la discriminación racial, entre otras causas que lo llevaron a recibir el Premio Nobel de la Paz, citó la siguiente frase célebre en la línea de batalla por los derechos civiles: «Tengo un sueño, un solo sueño, seguir soñando. Soñar con la libertad, soñar con la justicia, soñar con la igualdad y ojalá ya no tuviera necesidad de soñarlas». Luther King estaba en la trinchera rompiendo el silencio y representando la voz en su generación, como cita en otra de sus frases célebres: «No me preocupa el grito de los violentos, de los corruptos, de los deshonestos, de los sin ética. Lo que más me preocupa es el silencio de los buenos».

Podría continuar con la lista de centinelas usados por Dios para defender una causa y marcar la historia. Pero dentro de este gran avivamiento de transformación social y reconstrucción de las murallas, no podemos dejar afuera del elenco de este capítulo a Nehemías. Un hombre que dejó su lugar de influencia por amor a Dios y por aceptar el desafío de comenzar la restauración de las murallas. Nehemías le pidió a su equipo de trabajo que sean los centinelas que cuidan a su pueblo, que trabajen en la obra en construcción y que logren la asignación por la cual habían sido reclutados.

«En aquella ocasión también le dije a la gente: "Todos ustedes, incluso los ayudantes, quédense en Jerusalén para que en la noche sirvan de centinelas y de día trabajen en la obra"»

Nehemías 4:22 NVI

CENTINELAS QUE SE INVOLUCRAN

Jesús tuvo la capacidad de mirar al cielo sin dejar de ver la necesidad humana. Luego de haber estado orando toda la noche, descendió, vio la multitud y tuvo compasión de ella (Mateo 9:36). Porque la Iglesia, que es espiritual, puede ver a la sociedad y a los sistemas con compasión. No me refiero a tener lástima por las necesidades de los demás, sino compasión, porque es como un motor que te empuja a la acción, te lleva a involucrarte en una causa más grande que uno mismo y a ser parte de la solución que trasciende una generación.

Cuando tomamos el compromiso de involucrarnos hay cosas que cambian, porque hay sistemas tan oscuros que solo podrían revertirse si nos hacemos cargo del problema y doblamos las rodillas, como si estuviéramos pidiendo por nosotros mismos.

«Si mi pueblo, que lleva mi nombre, se humilla y ora, y me busca y abandona su mala conducta, yo lo escucharé desde el cielo, perdonaré su pecado y restauraré su tierra»

2 Crónicas 7:14 NVI

Esperamos que la nación se arrepienta, pero somos nosotros quienes debemos correr y pedir perdón por ellos, tomar la carga y la responsabilidad de nuestra nación como propia. Así como lo hizo David, cuando era tan solo un adolescente, pudiendo responsabilizar al rey Saúl o a sus hermanos por no defenderlos de Goliat, que amenazaba la seguridad de su pueblo y su gente. Sin embargo, sin buscar culpables, tomó su onda, juntó las piedras en el río y corrió a la línea de batalla. David tomó la carga y la responsabilidad de su nación, como suya propia.

«Y aunque la gente de este mundo piensa que ustedes son tontos y no tienen importancia, Dios los eligió, para que los que se creen sabios entiendan que no saben nada. Dios eligió a los que, desde el punto de vista humano, son débiles, despreciables y de poca importancia, para que los que se creen muy importantes se den cuenta de que en realidad no lo son. Así, Dios ha demostrado que, en realidad, esa gente no vale nada»

1 Corintios 1:28 TLA

Hoy necesitamos que se levante una generación que tome la carga de transformar su nación, no porque se crea especial, sino porque cree en un Dios sobrenatural que se fortalece en nuestra debilidad, se glorifica en nuestra humanidad y utiliza personas ordinarias para propósitos extraordinarios. No existen grandes hombres de Dios, sino hombres usados por un gran Dios.

Seguramente conocerás esta frase muy conocida que dice: «Dios no busca gente perfecta, sino dispuesta». Porque, una generación de cristianos comprometidos con el avivamiento y la transformación transversal, se vuelve un movimiento imposible de ignorar. Necesitamos más cristianos que entiendan la urgencia, que tomen la responsabilidad de su nación como propia y que corran a la línea de batalla.

> «*Entonces oí la voz del Señor que decía: —¿A quién enviaré? ¿Quién irá por nosotros? Y respondí: —Aquí estoy. ¡Envíame a mí!*»
>
> **Isaías 6:8 NVI**

Estoy seguro de que el avivamiento más grande de los últimos tiempos será provocado por una generación que acepta el desafío de «trastornar al mundo», como decían de los discípulos de Jesús cuando llegaban a alguna ciudad.

 **No existen grandes hombres de Dios, sino hombres usados por un gran Dios.**

Deseo que luego de leer este capítulo seas uno de los que le digan a Dios: «Señor, aquí estoy. ¡Envíame a mí!», y puedan responder al llamado divino de romper el silencio, de ser los centinelas en las trincheras, de ser la voz de este tiempo y de esta generación.

> «*Jerusalén, sobre tus muros he puesto centinelas que nunca callarán ni de día ni de noche. Ustedes, los que invocan al Señor, no se den descanso; ni tampoco lo dejen descansar, hasta que establezca a Jerusalén y la convierta en la alabanza de la tierra*»
>
> **Isaías 62:6-7**

Como resultado final veremos cómo las naciones se convertirán en la alabanza de la tierra. Pero para esto debemos despertarnos y continuar con el legado de Jesús.

CENTINELAS CON EL LEGADO DE JESÚS

Nos encantaría que el mismo Jesús apareciera y caminara entre las calles de nuestras ciudades para despertar un avivamiento real y revolucionario. Quisiéramos escucharlo expresar esos mensajes controversiales y hacer esos mismos milagros creativos que leemos en la Biblia. Esto atraería multitudes que viajarían a nuestras ciudades para conocerlo, aunque sea de lejos.

Pero lo interesante es que hoy, el desafío de ser Jesús en las calles, es nuestro. El reto de representar a Jesús es nuestro. Que cuando la gente nos vea, podrá verlo a Él, y así nosotros continuar con Su legado.

Dentro de su legado, Jesús nos asignó dos tareas fundamentales: La de ser luz y amar a los demás.

SER LUZ: Es interesante observar cómo Dios se refiere a sí mismo como «la luz del mundo», en Juan 8:12 NTV: «Jesús habló una vez más al pueblo y dijo: "Yo soy la luz del mundo. Si ustedes me siguen, no tendrán que andar en la oscuridad porque tendrán la luz que lleva a la vida"».

Pero luego dice: «Ustedes son la luz del mundo, como una ciudad en lo alto de una colina que no puede esconderse» (Mateo 5:14 NTV). Es decir, que nos entregó la antorcha y la responsabilidad de continuar con Su legado, con la responsabilidad de ser luz en cada área de la sociedad, como si Él mismo estuviera allí. Porque las antorchas no deben ocultarse, sino que debe estar en un lugar alto para alumbrar a todos en la casa (Lucas 11). Lo interesante es que, la luz no se trata de cuánto brilla, sino a quién está alumbrando. Porque, como desarrollamos en capítulos anteriores, un misionero encendido no puede esconderse, sino que debe ser luz para las naciones, luz para las generaciones.

AMAR A LOS DEMÁS: Otro de los pedidos fundamentales del cielo para los centinelas de esta generación es que podamos amar a un mundo que arde, a personas sumergidas en el lodo moral, perdidas en la oscuridad de la codicia y la avaricia, sumergidas en las corrientes ideológicas, perdidas en creencias contrarias a Dios, muchas hasta se vuelven perseguidoras de la gente buena, etc. Sin embargo, Jesús también murió por ellas y nos pide que una de las armas que usemos como escuadrón de los últimos tiempos, sea el amor. Y descubriremos que el amor en el campo de batalla produce daños letales e irreversibles al sistema.

«En cambio, Dios nos demostró su amor en que Cristo murió por nosotros aun cuando éramos pecadores»
                                                            Romanos 5:8 PDT

Porque, así como recibimos ese amor por adelantado, aun antes de ser transformados, también debemos amar a quienes no han sido transformados, a quienes no entienden la causa, a quienes son y piensan distinto.

«Pues Dios amó tanto al mundo que dio a su único Hijo, para que todo el que crea en él no se pierda, sino que tenga vida eterna»
                                                            Juan 3:16 NTV

Cristo dio su vida para salvarnos, redimirnos y cambiar la historia de la humanidad para siempre, pero el pedido formal es que ahora, nosotros amemos al mundo. Él dio Su vida por una causa, y nosotros tenemos el privilegio de poder compartir la misma causa por la que dio Su vida: amar a los demás y acercarlos a la verdad de la salvación.

«Conocemos lo que es el amor verdadero, porque Jesús entregó su vida por nosotros. De manera que nosotros también tenemos que dar la vida por nuestros hermanos»

1 Juan 3:16 NTV

Nacimos para ser parte de este tiempo. Para esta hora llegamos. Para romper el silencio, para tomar riesgos, para hacernos escuchar, para continuar con el legado de Jesús. Fuimos llamados para correr a la línea de batalla, para despertarnos como Iglesia y cuidar nuestras trincheras, para provocar una transformación social y despertar un verdadero avivamiento transversal.

Levántate, resplandece; porque ha venido tu luz, y la gloria de Jehová ha nacido sobre ti. Porque he aquí que tinieblas cubrirán la tierra, y oscuridad las naciones; mas sobre ti amanecerá Jehová, y sobre ti será vista su gloria.

Isaías 60:1-2 RVR60

 «Dios no busca gente perfecta, sino dispuesta».

RESUMEN

LA GENERACION QUE ROMPE EL SILENCIO

Centinelas entrando en accion (Isaias 6:8) (Ezequiel 33:7)

- Escuchar a Dios
- Romper el silencio de parte de Dios
- Se involucran
- Continuan el legado de Jesus:
  - Ser luz
  - Amar
  - Transformar

  Salvando, discipulando y transformando el mundo

"Para esta hora llegamos, para esto nacimos, para defender las trincheras, para hacer retroceder la oscuridad, para romper el silencio y para despertar un avivamiento".

MIS NOTAS

5 UN LÍDER DE *avivamiento*

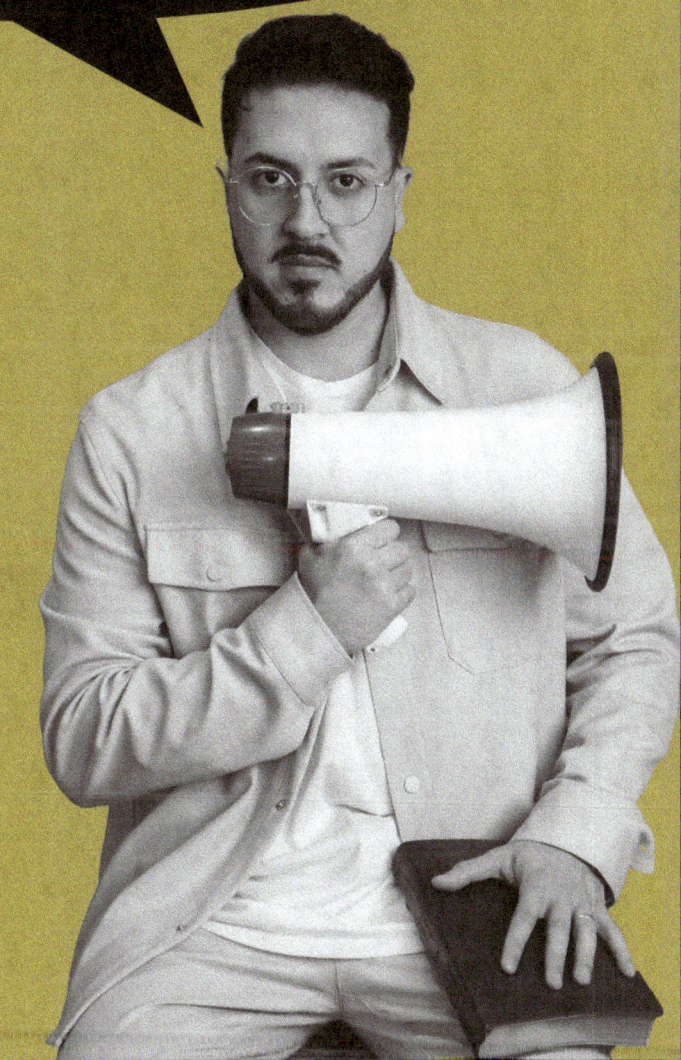

CAPÍTULO 5
UN LÍDER DE AVIVAMIENTO

No recuerdo tener muchos héroes favoritos en mi niñez. Como hijo de pastor, por lo general, mis héroes eran personajes de la Biblia que tenían algún superpoder, un don especial o habían logrado alguna hazaña asombrosa. Mis favoritos eran dos que se disputaban el primer lugar. Uno de ellos era Sansón, quien contaba con el recurso de la superfuerza, era una especie de Hulk cristiano. El segundo en la lista de mis héroes favoritos, era el valiente David, quien a muy corta edad logró la gran hazaña de derribar a un guerrero gigante y experimentado en batalla como Goliat.

Pero, lo que más me llamaba la atención de estos dos protagonistas de mi infancia, era que habían tenido un final muy distinto. Sansón murió siendo la burla de sus enemigos, sufriendo física y mentalmente, y frustrando su asignación espiritual. Sin embargo, David terminó siendo rey, un conquistador temible y respetado en las naciones, perpetuándose en el reinado por generaciones y cada vez más cerca de Dios.

A medida que fui creciendo empecé a estudiar y analizar las cualidades fundamentales de un líder, y cuáles eran las debilidades que podían llevarlo al fracaso personal y ministerial. Entre los principales puntos que quiero compartirte en este capítulo, y que en lo personal fue de mucho alivio, es que nadie nace siendo líder. Puedes nacer con carisma y extrovertido, pero un líder conforma un conjunto de cualidades y habilidades que todos pueden desarrollar, sumado al diferenciador fundamental que es la promesa del Espíritu Santo, y que está disponible desde el Pentecostés para todos aquellos que lo buscan de corazón.

Al analizar algunos héroes bíblicos identifiqué que todos tuvieron alguna debilidad, ya que eran seres humanos como todos, sin embargo, unos supieron trabajarlas y otros permitieron que los sacara del camino.

Sansón fue apartado para Dios desde su concepción milagrosa y portaba un propósito, pero tenía una debilidad, las mujeres. Permitió que Dalila lo engañara para eliminarlo de la ecuación. Sin embargo, David, el segundo protagonista en cuestión, también ungido, tuvo en el camino un tropezón con Betsabé, sin embargo, logró enderezar el barco de su vida, arrepintiéndose y trabajando esa área para nunca más repetir ese error.

Ambos con la misma unción y el mismo problema, pero diferentes decisiones luego de la caída. La decisión correcta le permitió a David ser uno de los mejores reyes en la historia de Israel; y a Sansón, terminar sepultado con sus enemigos.

Todos tenemos la capacidad de ser verdaderos líderes de transformación, pero seguramente hay áreas que debemos trabajar para no quedar fuera del camino ni ser eliminado por las debilidades o por no haber trabajado a tiempo las características que pueden empoderarte.

Entendemos que Dios nos está llamando a alistarnos para defender las trincheras, pero antes debemos priorizar la formación de nuestro carácter. Algunos piensan que la clave está en hacer cosas importantes sin trabajar primeramente en nuestro ser. Si lo hacemos de esta forma, entonces todo lo que hagamos será devorado por nuestras debilidades. El sabio Salomón dijo: «Mejor es ser paciente que poderoso; más vale tener control propio que conquistar una ciudad» (Proverbios 16:32 NTV).

Nuestro desarrollo comenzará desde el punto de partida, no debemos cambiar sino nacer de nuevo. No debemos solo intentar modificar las conductas superficiales de la vieja naturaleza, sino crucificarlas juntamente con Cristo. Pablo dijo: «Con Cristo estoy juntamente crucificado, y ya no vivo yo, mas vive Cristo en mí» (Gálatas 2:20 RVR60). Esta es la única manera de que surja lo que nace del espíritu y se deje ver en nosotros. Todas las herramientas que desarrollaremos a continuación no son para cambiar tu viejo YO, sino para reeducar tu versión nacida de nuevo, nacida del Espíritu.

LA IDENTIDAD DE UN LÍDER DE AVIVAMIENTO

Durante el primer congreso de **Somos La Voz** hablé acerca de la identidad, y para ilustrar la enseñanza proyecté una parte de la película 300. Seleccionamos la escena donde los espartanos, camino a las Termópilas para enfrentar al rey Jerjes, se encuentran con sus posibles aliados, quienes se llevan una sorpresa al darse cuenta que era tan solo un puñado de soldados. Entonces, el rey Leónidas le preguntó a cada uno de los soldados del otro ejército, cuál era su profesión, y comenzaron a dar diferentes respuestas como, alfarero, carpintero, herrero, etc. Luego continúa repitiéndole a su propio ejército la misma pregunta, a la que todos responden de manera segura, fuerte y estruendosa: ¡AHU, AHU, AHU!

Cuando vi por primera vez esa película, marcó mi ministerio. Claramente los espartanos desarrollaban diferentes tareas en su comunidad, pero lo que hacían no cambiaba su identidad de guerreros.

Es fundamental entender que, sin importar el monte en el que estemos, el sistema donde Dios nos plante o las tareas cotidianas que nos toque hacer, nuestra identidad es una sola: Ser hijos de Dios y parte de Su escuadrón para el avivamiento de los últimos tiempos.

Muchas veces confundimos quiénes somos con lo que hacemos, las cosas que tenemos o los títulos que logramos. Los cristianos no pueden pensar que, por vender, son vendedores, que por pintar cuadros son artistas, por haber estudiado leyes tantos años, son abogados. Este concepto ha debilitado la identidad de la Iglesia y su función, olvidándose de *quiénes* realmente son en Dios y la asignación espiritual para cada uno.

Es fundamental que todo líder de avivamiento entienda su identidad en Dios y pueda comprender que su asignación espiritual es más importante que cualquier otro rol o tarea que desarrolle temporalmente en esta vida.

Siempre lo relaciono con las películas de espías cuando realizan algún operativo encubierto. Vemos que un agente encubierto se encuentra en medio de un operativo trascendente para su nación, pero para acercarse al objetivo, se disfraza de vendedor de helados, para no ser identificado. Lo interesante es que, ese detective encubierto, sabe que no es un vendedor de helados, aunque momentáneamente es lo que está haciendo. Él tiene en claro que es parte de un plan más grande que los helados. Se trata de una misión más grande que él mismo.

> *Es fundamental entender que, sin importar el monte en el que estemos, el sistema donde Dios nos plante o las tareas cotidianas que nos toque hacer, nuestra identidad es una sola: Ser hijos de Dios y parte de Su escuadrón para el avivamiento de los últimos tiempos.*

De la misma manera, si comprendemos quiénes somos y cuál es nuestra función en el Reino, entonces muchas de nuestras prioridades y decisiones terrenales serían totalmente diferentes. Porque la Palabra de Dios dice: «No son del mundo, como tampoco yo soy del mundo» (Juan 17:16). Pero también agrega: «Es verdad que vivimos en este mundo, pero no actuamos como todo el mundo» (2 Corintios 10:3 TLA). Es que tenemos una identidad espiritual con un propósito eterno que nos diferencia de los demás. Nos define algo más. Vivimos por algo más.

Si no sabemos quiénes somos, corremos el riesgo de que todo lo que construyamos no tenga sustento sólido, ya que, sin identidad, tampoco podremos formar nuestro carácter. Es ahí, donde el talento te llevará a lugares donde ni tus convicciones ni tu carácter podrán sostenerte.

> Muchas veces confundimos quiénes somos con lo que hacemos, las cosas que tenemos o los títulos que logramos.

He conocido muchas historias tristes sobre líderes de influencia que, cuando llegan al aparente éxito, se desorientan, pierden la dirección, se olvidan del corazón y el llamado que los llevó a ese lugar. Algunos caen en pecado, porque de pronto tienen acceso a personas o lugares que no tenían antes de que sus dones los hicieran visibles.

Quien no tiene una identidad clara cede a las tentaciones tanto sexuales y morales, a la falta de ética en el manejo de dinero y al mal uso de su influencia, entre otros. Por eso es tan importante entender quiénes somos, a dónde vamos y lograr formar a Cristo en nosotros, antes de que Dios nos lleve a algún lugar. De lo contrario, nuestro talento o nuestros dones nos llevarán a un sitio donde no podremos sostenerlo y terminará por derrumbarse.

Hace unos años participé activamente en política, como candidato a diputado por mi provincia en una lista totalmente Provida que defendía los valores. Pero, personalmente tenía en claro mi identidad, y así estuviera corriendo atrás de una pelota o de una banca política, sabía quién era y cuál era mi asignación. Entonces, como misionero y centinela de este tiempo, tenía que ser responsable con mi objetivo: llevar el mensaje de salvación y por consecuencia, la transformación.

Durante todo el recorrido de la campaña, en todas las conversaciones que teníamos, tanto de prensa como de trabajo, llevaba conmigo a los pastores de la iglesia disfrazados de políticos. Cuando entrábamos a una ciudad, clavábamos estacas y hablábamos declaraciones de fe en la ciudad. En todos los comités de campaña terminábamos orando por milagros, había liberación, oración de salvación, consejería familiar, oración por los negocios, entre otras cosas.

> Es fundamental que todo líder de avivamiento entienda su identidad en Dios y pueda comprender que su asignación espiritual es más importante que cualquier otro rol o tarea que desarrolle temporalmente en esta vida.

Mi esposa fue una pieza clave y fundamental de ese viaje misionero en la arena política. Una noche mientras conversábamos planificando los siguientes viajes por las ciudades de la provincia, nos determinamos a sembrar el mensaje de salvación a la mayor cantidad de gente posible, ya que sin importar si ganáramos o no, debíamos tener fruto espiritual de esa gira.

Esa misma noche nos colocamos los lentes espirituales y comenzamos a hacer campaña de una manera distinta. De esa manera logramos marcar la vida de miles de jóvenes, restaurar cientos de familias, evangelizar en espacios donde de manera tradicional nunca lo hubiéramos hecho.

Oramos pidiendo que Dios nos siga procesando en todas las áreas para llegar a ser misioneros inquebrantables, centinelas listos para levantar el estandarte del Reino y enfrentar las batallas más feroces. Fue entonces que Dios nos habló de trabajar algunas áreas.

LA MENTE DE UN LÍDER DE AVIVAMIENTO

Cuando Dios comenzó a hablarme sobre esta visión, identifiqué que muchas de las cosas que estaba recibiendo del Espíritu no coincidían con mi estructura de pensamientos. Gran parte de la persona que era, de las limitaciones personales que cargaba, como, por ejemplo, la autoestima deteriorada, el temperamento inmaduro, la falta de gestión emocional, lo que conocía o desconocía, era el resultado de mis experiencias del pasado, de mi visión del mundo, de la Iglesia, de mí mismo y hasta de Dios. Entonces el Señor me dijo que muchos de los paradigmas que estaban en mi mente, podrían ser un obstáculo para el avivamiento transversal. Y la única forma de continuar profundizando en la visión y en la asignación que tenía, era renovando mi mente por completo.

«*En cambio, dejen que el Espíritu les renueve los pensamientos y las actitudes*»

Efesios 4:23 NTV

Para todo líder de avivamiento, la renovación de la mente no es una opción. Nuestra estructura de pensamiento repercute en nuestra manera de actuar, de razonar, de reaccionar, y afecta directamente nuestro orden de prioridades, nuestra visión del mundo y los juicios que emitimos sobre las personas.

Conocemos líderes con unción, con dones, pero que poseen una mentalidad mediocre o egocéntrica. También podemos encontrar en algunos una mentalidad de pobreza y de escasez que, claramente es un limitante a la hora de ser usado por Dios para transformar y avivar el mundo.

«*No imiten las conductas ni las costumbres de este mundo, más bien dejen que Dios los transforme en personas nuevas al cambiarles la manera de pensar*»
Romanos 12:2 NTV

Solemos cometer el error de enfocarnos en las actitudes, pero ellas responden a los moldes y estructuras de la mente, con sus ideas, recuerdos, conocimientos, percepciones, costumbres y hábitos. Lo primero que debemos lograr es limpiarnos de tanta contaminación del sistema del mundo, de nuestras malas experiencias que crearon limitantes, de situaciones que soldaron las celdas en las que aprendimos a vivir. Recién entonces veremos una transformación en nuestra manera de pensar, de orar, de cuestionar y de responder, la manera de empatizar, de socializar, de servir, de crecer y de ver el mundo.

Debemos estar dispuestos a dejar que el Espíritu Santo trabaje en nuestra mentalidad, que destruya todas las fortalezas mentales y limitantes del pasado, para poder ser odres nuevos y recibir el vino nuevo de Dios. Así podremos hacer cosas nuevas con una mente renovada.

EL CORAZÓN DE UN LÍDER DE AVIVAMIENTO

"Por sobre todas las cosas cuida tu corazón, porque de él mana la vida"

Proverbios 4:23 NVI

Cierta vez me dijeron que el dinero y el poder no te cambiaban el corazón, sino que exponían quién realmente eras. De cualquier manera, debemos anticiparnos a que esto pueda suceder y cuidar el corazón, descontaminarlo, limpiarlo, sanarlo, llenarlo de Dios para que los misioneros de esta generación podamos tener un corazón conforme a Él.

Hace muchos años, cuando estaba iniciando algunos emprendimientos y tomando decisiones como misionero en el ámbito empresarial (novato en ambos caminos), se acercó un líder espiritual y amigo personal para preguntarme: «Guillermo, ¿para qué quieres que Dios te prospere?». Y mi respuesta fue superficial para algo que pareciera noble. Entonces entendí que estaba tratando de ocultar las verdaderas intenciones cargadas de mí mismo y varias de Cristo. Así que, luego de esa conversación, corrí a mi lugar de intimidad y hablando con Dios realicé un análisis cuidadoso y profundo de mis intenciones más profundas. El resultado fue que estaba ocultando algunas frustraciones y pactos internos, al querer demostrarle a aquellos que no habían confiado en mí, cuánto se habían equivocado, y demostrarles a algunos compañeros que me habían hecho bullying de pequeño, en quien me convertiría y cuán exitoso podía llegar a ser.

Entonces tuve que hacer un trabajo de limpieza, de perdón, de purificar mis intenciones, de arrepentirme y entregar mi corazón por completo a Dios. Porque el grave error es que gente lastimada, con el corazón sucio o intenciones incorrectas, llegan a lugares de poder y dañan a los demás desacreditando a los misioneros que en verdad se involucran por la causa.

Por esa razón, las Escrituras colocan al corazón como el primer elemento a cuidar y le otorga un lugar tan importante como ser la fuente de todas las cosas. Sin embargo, es muy común descuidarlo. Eso le pasó al profeta Samuel, quien había desarrollado una increíble visión espiritual, pero Dios necesitó recordarle que Él no miraba las apariencias, sino que se fijaba en el corazón (1 Samuel 16:7 NTV). El Señor lo corrige pidiéndole que se enfocara en lo superficial y volviera a darle valor a lo importante: el corazón. Por lo tanto, si para Dios es tan importante, debemos dedicarle gran parte en este capítulo.

Hace algunos años, tuve el privilegio de conocer Egipto y caminar por sus pirámides. Esas monumentales tumbas son reliquias del reino antiguo, construidas unos 4500 años antes de Cristo. Mientras veía esas enormes piedras apiladas y cargadas de historia, pude identificar claramente el deseo de esos faraones por perdurar en la eternidad y ser recordados en las próximas generaciones. Pero de inmediato mi mente me llevó al relato bíblico, como Nabucodonosor había sido un rey con aires de grandeza en su corazón al punto tal de pedir que hicieran una estatua de oro con su imagen, que medía veintisiete metros de altura y dos metros y medio de ancho (Daniel 3). En los tiempos bíblicos también había líderes que querían ser recordados mediante estatuas que replicaban su imagen, tumbas con formas de pirámides, palacios inmensos, reinos gigantescos o grandes hazañas.

La motivación del corazón siempre fue un problema para la humanidad. Ya que el hombre siempre ha sentido la necesidad de trascender, ser importante e inmortal. Así sucedió desde el principio, con Eva, que aceptó la propuesta de la serpiente de comer del fruto prohibido ante la posibilidad de ser igual a Dios. También observamos en el libro de Génesis 11:4 que, los seres humanos de ese tiempo dijeron: «Construyamos una ciudad con una torre que llegue hasta el cielo. De ese modo nos haremos famosos y evitaremos ser dispersados por toda la tierra» (NVI). Desde entonces el éxito o la fama siempre fueron un problema para el corazón.

Pero existe un caso diferente, un rey muy particular a quien Dios le dio una promesa al decirle: «¡Ahora haré que tu nombre sea tan famoso como el de los grandes que han vivido en la tierra!» (2 Samuel 7:9b NTV). Continuando con la historia, la Palabra dice que la promesa que Dios había dado se cumplió, y el rey David se volvió muy famoso. Fue tan grande e influyente como todos los que quisieron hacer una estatua de sí mismos, sin embargo, el deseo del corazón del rey David era construir un templo para Dios, para que el Señor sea recordado y Su nombre engrandecido en las naciones y por generaciones. Era tan fuerte el amor que el rey David tenía por Dios, que puso su propia riqueza y recursos a disposición de la construcción.

La gran diferencia entre el rey David y todos los demás, es que él era igual de famoso, igual de rico y poderoso, pero su corazón siempre estuvo rendido a Dios y su deseo era que el Señor fuera exaltado y recordado por las generaciones. Tanto fue así que, hoy en día todavía se reúnen miles de judíos junto a turistas cristianos a orar en el Muro de los Lamentos, una de las únicas partes que quedaron en pie de aquel gran templo de Dios que levantó Salomón, pero que nació en el corazón de su padre, el rey David.

Este gran líder no buscó construir una pirámide para ser recordado, ni un templo con su nombre, y mucho menos una estatua con su imagen. Su corazón se mantuvo rendido y humilde, porque es muy peligroso tener influencia, dones y éxito, sin un corazón procesado.

Podemos observar el caso de José, que antes de ser poderoso, Dios lo hizo fuerte, humilde y perdonador. Cuando llegó el momento de reencontrarse con sus hermanos, quienes lo habían violentado, separado de su familia y vendido como esclavo, los abrazó, los perdonó y les dio un espacio en su reino.

Así mismo Salomón, quien inició su reinado bajo las enseñanzas de su padre David, y en su primer encuentro con Dios, teniendo la oportunidad de pedirle cualquier cosa. Lo primero que salió de su corazón fue pedirle «sabiduría para administrar el reino y servir a su pueblo». Entonces Dios le respondió:

«Por cuanto tu mayor deseo es ayudar a tu pueblo, y no pediste abundancia ni riquezas ni fama ni siquiera la muerte de tus enemigos o una larga vida, sino que has pedido sabiduría y conocimiento para gobernar a mi pueblo como es debido, ciertamente te daré la sabiduría y el conocimiento que pediste. ¡Pero también te daré abundancia, riquezas y fama como nunca las tuvo ningún otro rey antes que tú y como ninguno las tendrá en el futuro!»

2 Crónicas 1:11-12

Porque el centinela que busca su vida, la termina perdiendo, pero cuando pierde su vida por causa de Él, la termina encontrando. Todo está en la disposición del corazón.

Todo líder de avivamiento debe entender que en su corazón nunca debe construirse algo para él, no se trata de usar a Dios ni Su causa, para perseguir éxitos personales. El centinela debe entender que es parte de un plan, un mismo rompecabezas, una misma familia, un mismo cuerpo con una sola cabeza, que es Cristo. Con la misión específica de evangelizar, discipular y avivar nuestras generaciones, para que el padre sea glorificado en las naciones de la tierra.

> *Al que ha hecho de nosotros un reino, sacerdotes al servicio de Dios su Padre, ¡a él sea la gloria y el poder por los siglos de los siglos! Amén*
>
> **Apocalipsis 1:6 NVI**

Al terminar este capítulo quiero invitarte a reflexionar sobre las cosas que debes cambiar, descontaminar, abandonar y empezar a hacer para ser transformado en una mejor versión de Cristo en ti. Quizás hay cosas que debas dejar en el altar. Comienza hoy mismo el proceso hacia adentro, para que, a su debido tiempo, Él haga germinar hacia afuera Sus planes y promesas sobre tu vida.

RESUMEN

UN LIDER DE AVIVAMIENTO

Debe tener su identidad clara

La mente de un lider de avivamiento debe: Renovarse y expandirse

El corazon de un lider de avivamiento debe: cuidarlo (Proverbios 4:23)

[*"Antes de saber que hacer, debemos saber quienes somos. Por que mas importante que el hacer es el ser"*]

6
EL SECRETO QUE TE
hace diferente

CAPÍTULO 6

EL SECRETO QUE TE HACE DIFERENTE

Hace algunos años estábamos de vacaciones con mi familia en una zona montañosa de Misiones, una provincia hermosa de Argentina y anfitriona de una de las maravillas del mundo como son las Cataratas del Iguazú. Decidimos visitar una ciudad de hermosas montañas y mucha vegetación como es característico de la zona, y al llegar encontramos que el complejo turístico era tan atractivo que valía la pena quedarnos a pasar la noche. El lugar estaba ubicado lejos de la ciudad, pero tenía todas las prestaciones y comodidades necesarias como para no tener que salir de allí. Entonces decidimos tomarnos un tiempo para conversar con mi papá y caminar por esos hermosos senderos. Comenzamos el paseo por un camino que recorría las afueras del lugar, un poco solitario pero muy bien ambientado e iluminado. De repente se cortó la luz en todo el complejo. Nosotros estábamos caminando por la zona de la selva misionera, y la oscuridad nos había rodeado de tal manera que no podíamos ni siquiera vernos la palma de la mano. Mi papá tomó su teléfono celular y encendió la luz, esta nos permitiría encontrar el camino de regreso. Y como es habitual en los momentos que tenemos con papá, seguramente surgiría una enseñanza. Instantes después mi papá rompió el silencio y dijo: «De que sirven tantas lámparas en el camino si ninguna está encendida». Inevitablemente Dios nos llevó a pensar en los cristianos que están en espacios de influencia, pero sin relevancia espiritual.

Finalmente, llegamos a la siguiente conclusión: Los cristianos religiosos no hacen la diferencia, solo los cristianos encendidos en el Espíritu Santo, como antorchas ardiendo en fuego, son los que cambian las cosas. Solo las antorchas encendidas hacen retroceder a la oscuridad del infierno que quiere poseer a nuestra generación.

Las naciones serán guiadas por tu luz, y los reyes, por tu amanecer esplendoroso

Isaías 60:3 NVI

Luego del susto, ya de camino de regreso a la cabaña, continuamos con la conversación y reflexionamos acerca de la importancia de llevar la unción del Espíritu al campo misionero, a los sistemas. Ella hará volver a la sociedad al camino, a la senda antigua, los guiará a Jesús, y será como un faro en altamar que guía a los barcos a tierra firme. De esa forma, los misioneros iluminarán esta generación. Serán portadores del avivamiento transversal.

Entonces Dios nos habló de lo esencial que es el poder del Espíritu Santo, la comunión con Él y la importancia de activar los dones; ya que para nuestro movimiento Somos La Voz, cada misionero en el sistema debe ser un portador del arca, un portador de su gloria.

> Los cristianos religiosos no hacen la diferencia, solo los cristianos encendidos en el Espíritu Santo, como antorchas ardiendo en fuego, son los que cambian las cosas.

EL BAUTISMO DE LOS MISIONEROS

Entonces recordé lo que había dicho el Señor: "Juan bautizó con agua, pero ustedes serán bautizados con el Espíritu Santo"

Hechos 11:16 NVI

En el libro de los Hechos, capítulo 19, Pablo se encontró con algunos discípulos que solo habían sido bautizados por agua. Entonces les impuso sus manos y recibieron el poder del Espíritu Santo. Hoy en día, encontramos muchos misioneros en el sistema que creen en Dios, y algunos hasta fueron bautizados en agua, pero todavía no han sido llenos del poder, la unción y la presencia del Espíritu Santo.

Al continuar navegando entre los textos bíblicos, arribamos donde dice: «Luego el Señor Dios formó al hombre del polvo de la tierra. Sopló aliento de vida en la nariz del hombre, y el hombre se convirtió en un ser viviente» (Génesis 2:7 NTV). Dios formó cosas que solo cobraron vida con el soplo y la impartición de Su Espíritu. El Espíritu de vida es nuestro gran diferenciador, la esencia de todo.

En el libro de Ezequiel hallamos otra historia muy particular. Allí, el capítulo 37 narra cuando Dios llevó al profeta a un valle de huesos secos. Pero es interesante observar la aclaración que se hace en el verso 8, luego de la primera declaración: «Mientras yo observaba, vi que se formaron músculos y apareció carne sobre los huesos. Después se formó piel para recubrir los cuerpos, pero aún no tenían aliento de vida».

Estaban todos los cuerpos formados, pero no tenían vida: «Así que yo anuncié el mensaje como él me ordenó y entró aliento en los cuerpos. Todos volvieron a la vida y se pusieron de pie; era un gran ejército» (v.10). Este era un grupo conformado por soldados, pero en verdad hasta que no fue impartido sobre ellos el soplo del aliento de vida, no se convirtieron en un gran ejército.

Cuando era niño me regalaron mi primera bolsa de soldaditos de plástico que venían de diferentes formas con una base sólida para sostenerlos en pie, también traía unos tanques de guerra en miniatura y otros elementos bélicos. Con el paso del tiempo, las industrias fueron mejorando los detalles de estos juguetes y años después se hacían mejores muñecos de soldados, más grandes, más definidos, con mejores armas. Pero, no importaba cuán parecidos eran los muñecos a un soldado real, nunca serían peligrosos ni relevantes, porque los soldados de plástico no trascienden en la sociedad. Así mismo los cristianos de plástico, pero sin fuego, son irrelevantes ante las agendas globales y los planes del infierno. Los cristianos de plástico son intrascendentes ante el sistema.

Hoy no podemos darnos el lujo de tener un ejército de cristianos plásticos, que conocen las costumbres evangélicas, los versículos de memoria, pero sin nuestro único diferenciador: el poder del Espíritu Santo. No olvidemos que la religión no cambia nada ni a nadie, solo el Espíritu de Vida soplando en los sistemas a través de los misioneros que Dios llama.

Estos ejemplos bíblicos exponen los peligros latentes de la religión, de vivir un cristianismo vacío y apagado, como las vírgenes que, aunque tenían lámparas, no pudieron entrar, porque no tenían aceite. De igual manera es el cristiano sin el diferenciador. Se quedan afuera de la fiesta por falta de la promesa del Espíritu Santo. De nada sirve el recipiente si está vacío. De nada sirve un sermón sin respaldo bíblico, un altar sin fuego o una vida sin unción.

Con delicadeza la Biblia llama «sepulcros blanqueados» a este grupo de cristianos de plástico y religiosos superficiales, de puras costumbres, pero sin fuego. Por esta misma razón, cuando Jesús les dio la asignación a sus discípulos de predicar por todo el mundo y hacer discípulos, les dijo que primero debían esperar la promesa, porque no tenían la opción de salir a las calles de su ciudad como soldados de plástico, como antorchas sin fuego, ni lámparas sin aceite, porque apagadas no dan luz.

BOMBEROS CONTRA LOS MISIONEROS

«y por haberse multiplicado la maldad, el amor de muchos se enfriará»

Mateo 24:12 RVR60

El infierno se ha enfocado en dos estrategias sutiles, pero letales, tales como aumentar la maldad intentando normalizarla, y enfriar el amor de muchos. El enemigo está más interesado en enfriar a las iglesias que en cerrarlas. Está más enfocado en enfriar el amor y apagar el Espíritu, que sacarlos de las congregaciones. Entonces envía personas, situaciones, enfermedades y confusión, que se transforman en bomberos que quieren apagar el fuego que arde en tu interior. De esa manera se transforman en maniquíes de guerra, que tiene la apariencia, pero son inofensivos e irrelevantes a la hora de la conquista territorial del infierno.

Recuerdo una historia familiar donde el hermano de mi abuelo, que vivía en el norte de nuestro país, falleció en nuestra provincia. Entonces mi abuelo junto con otros tíos, debían trasladarlo en un auto fúnebre, desde nuestra provincia, llamada Chaco, hasta Salta, la provincia donde vivía mi tío abuelo. Luego de su entierro, todos debían regresar al Chaco, de dónde habían salido. Pero era una ruta bastante desértica, así que de madrugada se tornó un viaje solitario, silencioso y hasta un poco tenebroso. Fue entonces que, a mitad de camino, a mi abuelo se le ocurrió la increíble idea de ir a dormir al ataúd vacío que traían atrás del auto, pero dentro de lo extraño de la situación, esto empeoró cuando unos kilómetros más adelante, en medio de la densa oscuridad de la noche y el fuerte sonido del silencio, se cruzan con un improvisado control policial que los detiene a mitad de la ruta para solicitarle los papeles. Cuando uno de los policías camina lentamente hacia la parte de atrás del auto, percibió que había algo fuera de lo común. Encendió su linterna y comenzó a alumbrar el cajón que extrañamente se encontraba abierto. Cuando la luz alumbró la cara del aparente difunto, encandiló al abuelo que estaba durmiendo y se despertó asustado, sentándose de golpe en el ataúd. Esta escena provocó que el policía se desplome sobre la ruta, desmayándose automáticamente. Entre risa y susto tuvieron que auxiliar al efectivo policial que se encontraba en el suelo.

Claramente es una anécdota que hasta hoy nos causa risa en las reuniones familiares. De igual manera, el infierno creyó que la Iglesia estaba dormida, que era de plástico y sin fuego, pero como los trescientos guerreros de Gedeón en Jueces 7, que rompieron las vasijas de barro que contenían una antorcha ardiendo adentro, continuando con un grito de guerra que provocó una victoria contundente contra los madianitas. Así la Iglesia se despertará y sorprenderá al sistema. Hará retroceder las tinieblas, declarará victoria frente a los madianitas de este tiempo y derribará a los gigantes que quieren destruir a esta generación.

EL DIFERENCIADOR

Jesús era diferente, no solo por ser el hijo de Dios, sino porque según lo afirma en Lucas 4:18, el Espíritu Santo estaba sobre él y lo había ungido para ser diferente y hacer la diferencia. Ese también fue el diferenciador entre el Pedro que niega a

Jesús tres veces, y el Pedro que enfrenta a la multitud fuera del aposento alto. Un incidente fue antes del Pentecostés, y el otro, después. Así es como algunos soldaditos de plástico tienen vergüenza de evangelizar o temor de levantar la voz, pero luego de ser llenos del Espíritu Santo, se vuelven feroces ante al sistema, y se transforman en «mata gigantes» con osadía y valentía.

Porque el diferenciador no es tener el mayor conocimiento, no es tener más talento, aunque todo suma a la causa de Cristo. Pero el único gran diferenciador es Su presencia ardiendo en nosotros. Por eso, la Palabra nos dice que dependamos siempre del Espíritu Santo y no confiemos en nuestra propia inteligencia (Proverbios 3:5). No debemos cometer el error de Sansón, que bajó los brazos en su integridad por haber confiado en su propia fuerza. Y mientras estaba dormido le avisaron que los filisteos venían a buscarlo, e intentó hacer lo mismo que hacía antes, pero no sabía que el Espíritu de Dios ya no estaba con él, que había perdido su único diferenciador (Jueces 16:20).

En los últimos días—dice Dios—, derramaré mi Espíritu sobre toda la gente. Sus hijos e hijas profetizarán. Sus jóvenes tendrán visiones, y sus ancianos tendrán sueños
Hechos 2:17 NTV

La gran diferencia que nosotros tenemos con el resto, es el Espíritu Santo, quien nos consuela, nos enseña todas las cosas y nos guía a toda verdad. Anhelamos que aquellos misioneros que llenen las calles de las ciudades e invadan los sistemas, puedan iluminar con el fuego de su interior, que con el poder el Espíritu transformen todo lo establecido, porque de eso se trata el Evangelio. Pablo lo dice: «no nos avergonzamos del evangelio porque es poder de Dios».

De acuerdo con el relato de Hechos 13, cuando Bernabé y Pablo visitaron al gobernador Sergio Paulo, que estaba acompañado por un hechicero, no llegaron como antorchas apagadas, sino que portaban la unción y la gloria de Dios. Entonces confrontaron a Elimas, el mago, y le dijeron: «¡Tú, hijo del diablo, lleno de toda clase de engaño y fraude, y enemigo de todo lo bueno! ¿Nunca dejarás de distorsionar los caminos verdaderos del Señor? Ahora mira, el Señor ha puesto su mano de castigo sobre ti, y quedarás ciego. No verás la luz del sol por un tiempo» (vv. 10-11). Al ver el gobernador que estos misioneros portaban algo distinto, terminó convirtiéndose al Evangelio.

Hace un tiempo conocí a una persona con un testimonio de vida increíble. Escribió un libro donde cuenta cómo fue libre de la homosexualidad y cómo Dios lo restauró. En una entrevista que le hicimos para nuestros **Pódcast** y el programa de televisión de **Somos La Voz**, nos contó que su proceso de liberación comenzó cuando una prima lo invitó a un campamento justo cuando él estaba atravesando un momento muy difícil de adicción y depresión. Pero entre todos los pastores y líderes que había en ese lugar, se destacó uno de ellos porque tenía una luz diferente, una unción distinta. Cuando ese pastor comenzó a orar, el Espíritu Santo tocó a este joven, comenzó a llorar y a transitar el camino de la liberación.

Claramente quedé sorprendido por su testimonio, pero más sorprendido aún al observar la gran diferencia que hay entre un cristiano lleno del Espíritu Santo y otro que solo maneja la teoría. Porque los mensajes motivacionales pueden ayudar, pero solo el poder sobrenatural de Dios, transforma.

Como misioneros en el sistema debemos vivir un evangelio de poder, porque más que una batalla cultural es una batalla espiritual. Y la transformación real llegará a través de una generación de impacto que arda en fuego, lleno del Espíritu Santo e investido de poder.

«Ahora voy a enviarles lo que ha prometido mi Padre, pero ustedes quédense en la ciudad hasta que sean revestidos del poder de lo alto»

Lucas 24:49 NVI

RESUMEN

EL SECRETO QUE TE HACE DIFERENTE

Cada misionero en el sistema debe ser un portador de su presencia, portador de su gloria.

➜ Hechos 11:16 NVI - Entonces recordé lo que había dicho el Señor: "Juan bautizó con agua, pero ustedes serán bautizados con el Espíritu Santo".

➜ Debemos cuidar el fuego y la pasion (Mateo 24:12 RVR1960)

➜ El diferenciador: la uncion (Lucas 4:18)

➜ No volvernos soldaditos de plastico, peleando sin uncion, cayendo en una religion irrelevante en lo espiritual

Ahora voy a enviarles lo que ha prometido mi Padre, pero ustedes quédense en la ciudad hasta que sean revestidos del poder de lo alto. (Lucas 24:49 NVI)

MIS NOTAS

CAPÍTULO 7

MISIONEROS EN BABILONIA

Jesús les dijo: "Vayan por todo el mundo y anuncien la buena noticia de salvación a toda la gente"

Marcos 16:15

Hace un tiempo un joven me pidió que orara para que Dios lo ayudara a cambiar de trabajo porque allí escuchaban mucha música secular, entre otras cosas, y sentía que Dios lo estaba llamando a servirlo a tiempo completo. Entonces le pregunté cuál era el objetivo de dejar su trabajo, y me respondió: «PREDICAR EL EVANGELIO A LOS PERDIDOS». Entonces volví a preguntarle si no había «perdidos» en su trabajo, a lo que respondió: «¡Sí, claro!». Concluí la charla diciéndole: «Dios te puso en un lugar lleno de gente que necesita conocer a Jesús, y además te financian el trabajo misionero al pagarte un salario». Esta reflexión fue lo suficientemente convincente como para que este joven entendiera la visión y se quedara en su trabajo, con la misión de salvar y evangelizar en ese lugar.

En este capítulo haremos foco en cómo llegar con el Evangelio a todas partes y a todo el mundo. No me refiero solo a una cuestión territorial, sino también a todos los sistemas de los cuales formas parte. Fuimos enviados y comisionados a involucrarnos intencionalmente con cada cultura, cada sociedad y cada esfera de influencia para evangelizar con el mensaje de salvación y leudar la sociedad como nos describe metafóricamente el libro de Gálatas 5:9, donde dice que ==*un poco de levadura leuda toda la masa*==.

Los misioneros del sistema entienden que el texto de Juan 3:16 no es una cita bíblica más, sino que bucean en la profundidad y la revelación que se esconde detrás de esta gran verdad que dice: «Pues Dios amó tanto al mundo que dio a su único Hijo, para que todo el que crea en él no se pierda, sino que tenga vida eterna».

Tanto el Padre como el hijo amaron al mundo, no solamente a la Iglesia. Y entender esto te amplía el corazón, te cambia la visión y te desafía a amar a los demás. A los que piensan distinto y a los que son distintos. Amar a los montes y a quienes los corrompen. Amar a aquellos que muchas veces atentaron contra la Iglesia o ridiculizaron la fe. A todo los que forman parte de un mundo por el cual Dios dio su vida. Y no solo eso, sino que luego nos pide que continuemos con ese legado en 1 Juan 3:16 donde dice: «Conocemos lo que es el amor verdadero, porque Jesús entregó su vida por nosotros. De manera que nosotros también tenemos que dar la vida por nuestros hermanos». Es decir, que los misioneros del sistema tenemos el desafío de llevar el mensaje a todos, en todas partes, continuando con el legado de Jesús, y mostrarle al mundo que los amamos tanto que estamos dispuestos a dar nuestra vida por ellos.

«Al oír esto, Jesús contestó: —No son los sanos los que necesitan médico, sino los enfermos. Y yo no he venido a llamar a justos, sino a pecadores» (Marcos 2:17 NVI). Criticaban a Jesús porque compartía tiempo con cobradores de impuestos, estafadores, prostitutas, leprosos, enfermos, endemoniados y religiosos ortodoxos. Jesús vino a esta tierra como un verdadero misionero, para caminar en terreno enemigo y salvar a los que se habían perdido.

> Los misioneros del sistema tenemos el desafío de llevar el mensaje a todos, en todas partes, continuando con el legado de Jesús, y mostrarle al mundo que los amamos tanto que estamos dispuestos a dar nuestra vida por ellos.

Conocemos misioneros en otras naciones que están dispuestos a dar su vida por el Evangelio y por la causa de Cristo, pero a veces hay misioneros del sistema que no están dispuestos a sacrificar un puesto empresarial o una banca política por decir la verdad y denunciar lo que está mal.

Esto nos cambia la lente y empezamos automáticamente a ver las ciudades como ovejas sin pastor y no como una amenaza a la fe, a ver su lugar de trabajo o de estudio como un campo misionero y no como un lugar hostil donde su fe corre peligro. Este cambio de corazón y de visión provoca que los cristianos se vuelvan verdaderos misioneros en cada espacio de la sociedad, sirviendo a Dios a tiempo completo donde quiera que estén, como los apóstoles que, con un corazón para la ciudad y una visión transversal, causaban efecto en la ciudad por donde pasaban. De igual manera los cristianos deben causar un efecto relevante y de alto impacto donde estén, ya sea en la empresa, la universidad, el club o en la ciudad.

«*Felipe bajó a una ciudad de Samaria y les anunciaba al Cristo. (...) Y aquella ciudad se llenó de alegría*»

Hechos 8:5,8 NVI

NO ESCAPES DE TU LLAMADO

En un retiro de jóvenes empecé a sentir el llamado de Dios fuertemente para servirle a tiempo completo. Allí tuve la necesidad de vivir para Dios todos los días, las 24 horas. Para ese entonces ya tenía negocios funcionando y algunas otras inversiones en crecimiento. Entonces, durante el último taller que se estaba dando en el retiro, tomé mi celular y organicé una reunión improvisada con mis socios y nuestra escribana para cederles de manera gratuita y automática todas mis acciones de la empresa. De esta forma, estaba poniendo mi Isaac sobre el altar, pero no me importaba, porque lo único que deseaba hacer era obedecer y servir a Dios con cada átomo de mi vida.

Al finalizar el retiro, mientras salía del auditorio con los ojos hinchados de tanto llorar, se acercó un amigo a darme una palabra de parte de Dios. Antes de llegar a la salida me frenó y me dijo: «Guille, Dios te dice que no dejes los negocios, que vio en tu corazón lo que estabas dispuesto a hacer, pero que tu llamado no está separado de lo empresarial. Al escucharlo, volví a soltar algunas lágrimas, le agradecí por la confirmación y suspendí la reunión extraordinaria. No entendía muy bien cuál sería la enseñanza de esa situación, pero fueron lecciones que cambiaron el GPS de mis decisiones. Ese día ocurrieron varias cosas: Primeramente, me cambió el corazón, ya que los negocios no serían algo mío ni para mí, sino que sería una parte del llamado, una herramienta para extender el reino del cual no sería el dueño sino solo el administrador. En segundo lugar, cuando queremos comprometernos con la causa de Cristo, sentimos el impulso de abandonar todos los campos misioneros para no contaminarnos. Cometiendo el error de encerrar todas las linternas en la misma habitación, cuando el mismo llamado y la misma causa, llevó a Jesús a las calles, a avivar los sistemas y a transformar la sociedad.

No quiero decir que no hay personas llamadas a dejar su trabajo para dedicarse a una tarea puramente ministerial. Los apóstoles tuvieron que poner administradores de algunas áreas porque ellos tenían una tarea especifica como apóstoles de la iglesia primitiva, y es un privilegio servir a tiempo completo en una congregación o ministerio. Pero por lo general, los cristianos que desarrollan una tarea o una función en la sociedad deben volverse misioneros intencionales, para tener un corazón por la nación y una visión de Reino. Como el libro de los Hechos, que se escribió por cristianos que salieron a caminar las calles para trastornar las ciudades.

> «*Pero como no los encontraron, arrastraron a Jasón y a algunos otros hermanos ante las autoridades de la ciudad, gritando: "¡Estos que han trastornado el mundo entero han venido también acá!"*»
>
> **Hechos 17:6 NVI**

Siempre que hablamos de misioneros en el sistema, no podemos evitar referirnos a Daniel, que sin corromperse fue parte de un sistema de gobierno corrupto, con una cultura inmoral, recibiendo adoctrinamiento en otras religiones, en otros valores, en otra cultura contraria a Dios. Sin embargo, se sostuvo en su fe y sus convicciones, logrando que, después de su última prueba en el foso de los leones, el rey Darío mandara a que todos en su reinado reconozcan y adoren al Dios de Daniel.

> *Jesús vino a esta tierra como un verdadero misionero, para caminar en terreno enemigo y salvar a los que se habían perdido.*

Hoy en día, es muy común recibir pedidos de oración para que Dios los saque de Babilonia, de sus trabajos seculares, cuando fue Dios quien los plantó ahí para llevar el avivamiento transversal y la transformación social a esos espacios. Si te saca de ahí, estaría sacando su mejor carta de ese lugar, estaría sacando a Daniel de la corte real, pero Dios prefiere cerrar la boca de los leones, que liberarte del pozo, de la presión del sistema y de la persecución, porque después del proceso llega el avivamiento a la nación.

Lo mismo le sucedió a Jonás, quien trató de evitar ir a la tierra de Nínive, donde reinaba una cultura turbulenta, lejos de Dios, una nación inmoral y corrupta. Sin embargo, Dios también tenía un corazón para ellos y un amor que quería alcanzarlos. En el intento lógico de escapar, Jonás se embarcó en la dirección contraria, fue entonces que lo tragó un pez para luego escupirlo y devolverlo camino a Nínive, lugar donde había sido llamado a misionar. Un sitio hostil, áspero y árido espiritualmente, pero no tuvo más remedio que entrar a esa nación, y con él, además estaba entrando un avivamiento sin precedente. Se estaba despertando un avivamiento transversal que causaría una transformación integral en Nínive. Su cultura, su arte, sus negocios, su educación estaba a punto de cambiar, porque como en la casa de Zaqueo, la salvación acababa de llegar a esa ciudad.

Mientras algunos tratan de embarcarse hacia sus sueños personales, evitando las calles tenebrosas de Nínive, Dios dice:

«Te estoy llamando como luz a espacios oscuros, como una voz que clama en el desierto, como una voz que rompe el silencio en un valle de huesos secos, como Daniel en Persia, como Jonás en Nínive, como Felipe en Samaria, y como tantos otros que tomaron el desafío de levantarse como misioneros de transformación. Es hora de que una generación tome el desafío y la responsabilidad de romper el silencio y llevar el avivamiento a nuestra nación y a cada sistema que necesita la luz de Jesús. «La creación aguarda con ansiedad la revelación de los hijos de Dios»

Romanos 8:19 NVI

PREPARADOS PARA TRANSFORMAR

Los misioneros debemos entender que en el campo enemigo se encuentran las naciones esperando que los cristianos se muestren, se revelen, que levanten el estandarte del Reino donde están, que enciendan las antorchas del espíritu y sean luz. Porque el mundo espera que la sal salga del salero y que las cartas salgan de sus sobres para ser leídas, como dice Pablo en 2 Corintios 3. Para esto debemos aceptar el reto, pero también prepararnos. Porque todo misionero que va a llevar el evangelio a otra nación, debe aprender su cultura, su idioma y su idiosincrasia. Para misionar en el sistema, debes ser parte de lo mismo sin convertirte en uno de ellos. Por ejemplo, cierta vez, un empresario muy próspero nos dijo que en una reunión leía a la otra persona por el reloj que llevaba y los zapatos que usaba. Entonces, cada vez que enviamos a un misionero al sistema de negocios, debe saber que uno de los requisitos es que se vista con buenos zapatos y consiga un buen reloj. Estos elementos no lo definen ni distorsionan su identidad, pero es parte del lenguaje y la manera de comunicarse.

Podemos aprender del apóstol Pablo, quien fue un asombroso estratega, un misionero visionario, y alguien que llevó el evangelio a todo el mundo conocido, eso significa, diferentes naciones, lenguajes y culturas. Sin embargo, él nos revela este secreto al decirnos: «Aunque soy libre respecto a todos, de todos me he hecho esclavo para ganar a tantos como sea posible. Entre los judíos me volví judío, a fin de ganarlos a ellos. Entre los que viven bajo la Ley me volví como los que están sometidos a ella (aunque yo mismo no vivo bajo la Ley), a fin de ganar a estos. Entre los que no tienen la Ley me volví como los que están sin Ley (aunque no estoy libre de la Ley de Dios, sino comprometido con la ley de Cristo), a fin de ganar a los que están sin Ley. Entre los débiles me hice débil, a fin de ganar a los débiles. Me hice todo para todos, a fin de salvar a algunos por todos los medios posibles. Todo esto lo hago por causa del evangelio para participar de sus frutos» (1 Corintios 9:19-22 NVI).

Un misionero en el campo enemigo debe entender que su misión y su llamado está sobre sus gustos, sobre sus proyectos, sobre sus comodidades, y que, muchas veces tendrá que subirse al barco que menos pensaba para desembarcar en las costas de Nínive, permanecer en tierra árida, haciendo algo que no esperaba, con el objetivo eterno de salvar a uno más. De esta manera, tendremos el privilegio de formar parte de un propósito más grande que nosotros mismos, y continuar con el legado que comenzó con sangre inocente derramada en una cruz, perpetuando el llamado de evangelizar a todos y en todas partes, para ser luz en lugares oscuros, para llevar calma en una cultura turbulenta, para ser un estandarte del Reino a donde vayamos, para despertar un avivamiento transversal que provoque una verdadera transformación social y dejemos una huella generacional.

«Nunca tienes que anunciar un incendio. Todo el mundo viene corriendo cuando hay uno. Asimismo, si tu iglesia está en llamas, no tendrás que anunciarlo. La comunidad ya lo sabrá»

—Leonard Ravenhill

RESUMEN

MISIONEROS DE BABILONIA

Marcos 16:15 - Y les dijo: Id por todo el mundo y predicad el evangelio a toda criatura.

↳ Se trata de evangelizar en territorio hostil, donde estan los enfermos, donde estan los pecadores, donde esta la oscuridad (Marcos 2:17)

(A) **No escapes de tu llamado**

↳ No siempre seremos llamados a donde queremos ir, sino que seremos colocados donde Dios necesita que estemos, para ser la voz.

↳ No escapes de la asignacion divina

↳ Sea en Babilonia, Egipto o donde estemos, fuimos llamados a transformar la sociedad.

(B) **Preparados para transformar**

↳ Ser estrategicos para la expansion del Reino

↳ Ser osados para ser luz en la oscuridad

↳ Ser valientes para ser la voz en tiempos turbulentos

[*Necesitamos pisar territorio enemigo para llevar el avivamiento a Babilonia, a las calles de Ninive, y probocar una transformacion en nuestra generacion.*]

MIS NOTAS

CAPÍTULO 8

UN TRABAJO EN CONJUNTO

Nehemías fue un impactante líder emergente que apareció en acción para cambiar a situación de Jerusalén. Este joven condujo el trabajo heroico de restaurar las murallas en tiempo récord y con varios elementos en su contra, como recursos limitados, rodeados de enemigos, con un pueblo desanimado y hasta desmoralizado. Sin embargo, logró su cometido gracias a un extraordinario trabajo en equipo del que quiero profundizar en este capítulo.

La organización laboral de Nehemías era repartir el trabajo por familias y en diferentes grupos distribuidos territorialmente. Los ubicó estratégicamente para restaurar diferentes lados de un mismo muro, diferentes áreas de una misma visión. El capítulo 3 menciona los nombres y apellidos de los valientes, con sus tareas específicas, como por ejemplo restaurar una puerta de la ciudad, las gradas de uno de sus lados, entre otras cosas. Lo interesante fue que, aunque cada uno estaba enfocado en su lado del muro, todos entendían que estaban trabajando juntos para una misma visión y un mismo objetivo. El secreto estaba en la unidad.

> «Entonces les expliqué a los nobles, a los oficiales y a todo el pueblo lo siguiente: "La obra es muy extensa, y nos encontramos muy separados unos de otros a lo largo de la muralla. Cuando oigan el sonido de la trompeta, corran hacia el lugar donde esta suene. ¡Entonces nuestro Dios peleará por nosotros!"»
>
> Nehemías 4:19-20 NTV

No importa lo extenso de la obra ni qué tan separado parezca que estamos en nuestras tareas, lo importante es entender que estamos unidos en una misma visión. Y si algún lado del muro está siendo atacado, todos deben correr al mismo lugar para defendernos y defender la visión.

Esta es una gran enseñanza para nuestros tiempos, donde aparentemente la Iglesia está dividida, aunque prefiero creer que la Iglesia está dispersa haciendo cada uno lo que debe hacer como cuerpo de Cristo. Cada familia enfocada en su lado del muro, pero si la trompeta suena en algún punto en especial, toda la Iglesia de Cristo se uniría para defender a todo el cuerpo.

> *No importa lo extenso de la obra ni qué tan separado parezca que estamos en nuestras tareas, lo importante es entender que estamos unidos en una misma visión.*

Traído a la actualidad, al llamado especifico que cada uno tiene como cristiano, como por ejemplo restaurar los muros del arte y de la economía, las puertas de la política, y de los medios de comunicación, entre otros. Pero, aunque la obra sea extensa y parezca que estamos separados, todos somos parte del mismo cuerpo, del mismo reino y trabajamos para la misma misión.

> *Aunque la obra sea extensa y parezca que estamos separados, todos somos parte del mismo cuerpo, del mismo reino y trabajamos para la misma misión.*

Nos referiremos a cada parte del muro como cada monte o sistema de influencia. Unidad no necesariamente significa juntarnos a comer todas las semanas, ni asistir a los eventos de todos los ministerios, sino entender que nos cubrimos la espalda en oración, que no criticamos el trabajo del otro, que no murmuramos al entender que estaríamos boicoteando alguna parte de nuestro propio muro o como decía Pablo, sería como lastimar algún miembro de tu propio cuerpo. De esta forma, debemos ver al avivamiento transversal, acompañar el trabajo de los misioneros en el sistema, aunque a veces no entendamos sus estrategias, o por estar en lugares que nosotros nunca estaríamos. En vez de acusarlos o criticarlos, debemos cubrirlos y acompañarlos, porque están edificando una parte diferente del mismo muro, peleando la misma batalla desde otra trinchera, defendiendo la retaguardia del mismo ejército, dando su vida por la misma causa. En estos tiempos donde nuestras fronteras están tan deterioradas por haberlas descuidado durante tanto tiempo, y otras están siendo bombardeadas por el infierno a través de ideologías y políticas contrarias a Dios, debemos estar unidos.

QUEREMOS LO MISMO, AUNQUE DE DIFERENTE MANERA

Analizaremos tres personajes que comparten una misma misión. Es decir, que los tres llegan al mismo lugar por diferentes caminos. De esta misma forma debemos mirar a quienes extienden el Reino de manera diferente, en muros diferentes:

EL PROFETA ELÍAS

Desde el monte de lo ministerial, Elías desafió a los profetas de Baal a levantar un altar, y quien logre hacer caer fuego del cielo para quemar el sacrificio, tendría al verdadero Dios. Identificamos que el éxito de Elías no se encuentra en el asesinato de los profetas de Baal, sino donde todos reconocen y proclaman que Jehová es Dios. El gran propósito final se había cumplido: todos reconocieron y se postraron ante el Dios verdadero (1 Reyes 18).

DANIEL

Daniel asumió puestos de importantes decisiones y de mucha influencia, sin embargo, se mantuvo firme en sus convicciones y en su fe, a pesar de las presiones sociales o políticas que podría tener. Una de estas dificultades fue el famoso foso de los leones. Desde donde al otro día, lo encuentran vivo, sano y sin rasguño, Esto provocó que el rey Darío envíe un mensaje a toda la gente de su territorio para que reconozcan al Dios de Daniel como el Dios verdadero. En esa declaración estaba el éxito máximo de Daniel. No estaba en solamente cambiar leyes o sistemas de gobierno, sino en que todos conocieran al Dios verdadero.

> *En estos tiempos donde nuestras fronteras están tan deterioradas por haberlas descuidado durante tanto tiempo, y otras están siendo bombardeadas por el infierno a través de ideologías y políticas contrarias a Dios, debemos estar unidos.*

EL REY DAVID

El capítulo 17 de 1 Samuel, relata que David era todavía joven, pero desde lo militar encontró la oportunidad de hacer la diferencia matando al gigante Goliat. Sin embargo, en las declaraciones que da en el verso 46 al decir: «¡y todo el mundo sabrá que hay un Dios en Israel!». Al matar a Goliat estaba cumpliendo con su mayor objetivo, que todo el mundo reconozca a su Dios, que todos lo conozcan como el Dios verdadero.

En estos claros ejemplos puedes observar que cada uno estaba parado en un monte distinto, frente a un muro distinto, pero compartiendo la misma misión: que todos sepan y se postren ante el único Dios verdadero. Sin importar la manera de vestirse, la forma de expresar a Cristo en los diferentes montes, con estrategias diferentes, pero todos participando de la misma misión que Jesús nos dejó en sus últimas palabras.

En Marcos 16 nos pide que prediquemos el evangelio a todos por todas partes. En Mateo 28 nos dice que hagamos discípulos por las naciones. Es decir, que ninguna tarea en la tierra es independiente a la asignación espiritual que tenemos todos y que compartimos en el campo de batalla.

NOS NECESITAMOS

«Porque así como el cuerpo es uno, y tiene muchos miembros, pero todos los miembros del cuerpo, aunque son muchos, constituyen un solo cuerpo, así también es Cristo»

1 Corintios 12:12 RVR60

Cuando hablamos del cuerpo humano, inconscientemente jerarquizamos algunas partes como más importantes que otra. El diestro tal vez diga que su mano derecha es más importante que su mano izquierda o viceversa. Ni hablar de partes del cuerpo que casi no tenemos en cuenta, como cuando hablamos de un luchador como Floyd Mayweather o de la destreza de Messi. Sin embargo, no consideramos su dedo chiquito del pie. Siendo que este aporta gran porcentaje en la estabilidad de una persona, pero aplaudimos las piernas del jugador y su dedo pequeño nunca es reconocido ni tenido en cuenta como miembro importante hasta que algo le pasa, y tal vez nos deje fuera de un partido o una lucha esperada.

En mi adolescencia quería ser bailarín de *break dance*, hasta que, en una plaza muy concurrida de la ciudad, intenté hacer un salto mortal en una de nuestras presentaciones con el grupo evangelístico de nuestra iglesia. Luego de girar en el aire como un verdadero atleta, tuve un percance y caí mal, me fisuré el cuarto dedo del pie izquierdo, afectando también al siguiente, el dedo meñique del mismo pie. Nunca le había dado importancia a ese dedo, no tenía registro consciente de él hasta ese día. Pocas veces sentí tanto dolor, aunque tuve que disimular hasta que finalizara el espectáculo. El pie se me hinchó como una empanada. No podía pisar y hasta se me dificultaba moverme. Este dedo lastimado no me permitía pisar correctamente. Eso me dejó fuera de las coreografías y del grupo de baile, por largo tiempo durante el proceso de recuperación hasta que me quitaron la venda que cubría el dedo y todo el pie.

Esa situación molesta me enseñó que todas las partes del cuerpo son importantes y necesarias, aunque no le prestemos atención o no le demos valoración. De igual manera, cada eslabón es importante en el reino. Para lograr este plan de conquistar nuestras naciones para Cristo, debemos considerar todas las áreas o sistemas como importantes.

A veces cometemos el error de jerarquizar los dones. Quizás algunos son más visibles o llamativos que otros, o los jerarquizamos por congregar más o menos personas. Colocamos líderes en pedestales por tener más visibilidad o influencia que otra, cuando todos somos igual de importantes para Dios y para su plan general para reconstruir los muros de nuestra generación, para avivar y transformar las naciones.

Por eso es importante entender que todos tenemos el potencial necesario para contribuir con la reconstrucción de una parte del muro y cambiar nuestro pequeño mundo. Importantes para combatir y alumbrar, aunque sea una pequeña parte de la oscuridad que nos rodea, entonces podríamos hacer una gran diferencia. Si trabajamos en conjunto y en equipo, cada uno podría cambiar su pequeño mundo, y estaría aportando un ladrillo para la reconstrucción del muro. Si logramos que una persona más conozca a Jesús, y de a poco, pero en unidad, nos hacemos escuchar, estaríamos rompiendo el silencio, estaríamos empezando a hacer eco en la eternidad, dejando una huella y siendo luz para esta generación. Porque, como dice Juan 17:21, si somos uno, lograremos que el mundo crea.

Esta era la estrategia que utilizaban los espartanos cuando realizaban el domo de escudos cada vez que una lluvia de flechas caía sobre ellos. Eran uno, hombro a hombro, y de esa manera lograban ser impenetrables.

¡Qué gran enseñanza nos deja para nuestros días! Si estamos unidos en la misma batalla, compartiendo la gran comisión, debemos apoyarnos, cuidarnos y defendernos, porque la Iglesia es una sola. Cuando leemos que atacan a un hermano en redes sociales, es bueno que podamos apoyarlo y respaldarlo de manera pacífica, pero demostrando que no está solo. Porque no estamos en una carrera entre nosotros mismos como cristianos, ni en una competencia con otros ministerios. Estamos en el mismo viaje, en la misma causa, levantando la misma muralla, continuando el mismo legado, extendiendo el mismo Reino, sirviendo al mismo Dios.

Por eso, es una tragedia pensar que usar la onda para matar a Goliat es más espiritual que el altar de Elías o que la carrera política de Daniel, ya que todos glorificaron a Dios en su generación.

Recuerdo los tiempos cuando creíamos que estar en un puesto político era menos espiritual que el que pastorea una congregación. Creíamos que el que hacía negocios seguramente era mitad cristiano, mitad inconverso, porque dedicaba su tiempo a trabajar en una oficina y menos tiempo dentro de una iglesia. Pero qué interesante cuando entendemos que todos cumplimos un rol fundamental dentro del plan arquitectónico del cielo para la reconstrucción de los muros de nuestra generación. Porque sin pastores o líderes ministeriales no tendríamos quién hiciera la tarea pastoral de formar y contener a aquellos que evangelizamos en el campo enemigo. Al mismo tiempo, si los misioneros no se esparcieran por los diferentes sistemas, habría lugares y espacios que permanecerían sin un estandarte de Reino y le pondríamos limitaciones al avance de la Iglesia, frustrado de esta forma el pedido de Jesús de evangelizar a todos hasta lo último día en esta tierra.

Esta tarea será imposible mientras no le demos el valor que tiene el dedo meñique del pie, como parte fundamental de una pelea de boxeo o en un partido de futbol. Esto no sucederá si pensamos que algún sector del muro es más o menos importante que otro, o si permitimos que jerarquicen los dones, los ministerios o los campos misioneros.

Si logramos tener misioneros llenos del fuego y del poder del Espíritu Santo detrás de una pelota, de una banca política, de un instrumento musical o una pieza de arte; detrás de un pizarrón, un escritorio, un comercio o un púlpito; detrás de un estetoscopio o de una cámara; recién entonces el avivamiento llegará hasta los confines de la tierra.

No debemos permitir, como misioneros que levantan su voz, que se tenga más miedo a las piedras de los religiosos que a las del sistema al que queremos transformar. Necesitamos sentir la protección y la contención de la familia de la fe. De esa forma estaremos verdaderamente unidos, cubriéndonos las espaldas de los bombardeos externos, sabiendo que hay una comunidad que comparte la misión, que entiende la visión y que también está dando su vida por la misma causa.

RESUMEN
UN TRABAJO EN CONJUNTO

Nehemias → Mas que un constructor, fue un lider estratega, observando, organizando, conduciendo a su gente con exito.

↳ Nehemias 4:19-20 NTV- Entonces les expliqué a los nobles, a los oficiales y a todo el pueblo lo siguiente: «La obra es muy extensa, y nos encontramos muy separados unos de otros a lo largo de la muralla. Cuando oigan el sonido de la trompeta, corran hacia el lugar donde esta suene. ¡Entonces nuestro Dios peleará por nosotros!».

Debemos aprender el arte de la unidad, viviendo como un solo cuerpo.

A) Queremos lo mismo de diferente manera

- Elias desde lo profetico
- Daniel desde lo politico
- David desde lo militar

Desde diferentes lugares, lograr el mismo objetivo.

Que todas las personas se conviertan y sean salvos.

B) Nos necesitamos

- 1 Corintios 12:12 Rvr1960: Porque así como el cuerpo es uno, y tiene muchos miembros, pero todos los miembros del cuerpo, siendo muchos, son un solo cuerpo, así también Cristo.
- Somos un cuerpo, construyendo un mismo Reino.
- Seamos uno para que el mundo crea. (Juan 17:21)

Debemos trabajar juntos, cubriendonos las espaldas, apoyandonos, por que aunque parezcamos distintos, somos un cuerpo, aunque parezcamos estar lejos, levantamos todos un mismo muro, una misma vision, un mismo Reino.

MIS NOTAS

EL ROL DE la iglesia

9

CAPÍTULO 9

EL ROL DE LA IGLESIA

En estos tiempos de transición social, la Iglesia debe evolucionar y madurar con rapidez. En épocas donde el fuego del avivamiento está empujando a los cristianos a sacudir las calles de Nínive, a trastornar Babilonia, a salir de la comodidad hacia un sistema encapsulado en el monte de la religión, a movilizar a nuestros misioneros hacia el terreno enemigo. Estamos viviendo tiempos donde la Iglesia está rompiendo el silencio, desafiando los sistemas y resplandeciendo con la Gloria de Dios.

Analicemos algunos de los factores que nos silenciaron por tantos años:

LA CULTURA MANIPULADA POR EL INFIERNO

Hemos visto a la sociedad ser dividida por culturas o tribus según sus características personales o intereses en común. De ahí se desglosan varias comunidades o grupos minoritarios que fueron tomando protagonismo durante el último tiempo. Sin embargo, lograron que la iglesia crea la mentira de que éramos una tribu más, que, así como los famosos ==Gamers== de 15 o 45 años, organizaban sus propios eventos, nosotros tendríamos la misma característica. Todo se movería dentro de nuestro mundo homogéneo. Este proceso cultural fue cuidadosamente orquestado por el infierno, para que parezca que se fue dando de manera natural. Pero como el infierno no podía detener a la Iglesia, entonces trató de controlarla y silenciarla. Esa fue una de las primeras razones por la cual la Iglesia terminó en un monte, en vez de ser la luz de todos los montes del mundo.

De esta manera, cada tribu se mantendría callada frente a los otros sistemas, y para mantener la paz, no deberían intentar involucrarse en otro monte. Por esa razón, cuando los cristianos comenzaron a misionar en la política, salieron películas desacreditando a la Iglesia y buscando atacar la fe, porque, aunque aparentaban tolerancia, solo pretendían mantenernos controlados. Parecería que únicamente el infierno tendría el derecho de colocar a sus líderes en los montes de influencia, y de esa forma, la Iglesia no podría ser la luz de ninguno de ellos, solo brillar todos juntos dentro del sistema de la religión, encandilándonos entre nosotros.

UN CÓMODO ECOSISTEMA

Otro factor que retuvo a la Iglesia dentro del sistema religioso eclesiástico, es la comodidad que ofrece un ecosistema preparado para sobrevivir, para desarrollarse de manera personal, para cumplir los sueños de una fama superficial dentro de una burbuja, de estar aparentemente protegidos por un domo doctrinal que no permitiría entrar la corrupción de los demás sistemas. Pero la ideología de género y todo tipo de distorsión moral se filtró sin problema en nuestras congregaciones. Este ecosistema nos ofrecía todas las comodidades necesarias para no perder la paz. Sin embargo, algunos pocos intentamos involucrarnos en otros sistemas con sus culturas, su lenguaje, sus costumbres corruptas, además de soportar el rechazo por haber salido de nuestro sistema para querer alcanzar a otro. Ante tal incomodidad, nos volvimos a encerrar.

Hemos tenido esta conversación con varios cristianos que están en política. Cuando las cosas comenzaban a complicarse, rápidamente pensaban en soltar la espada y regresar dentro de la fortaleza de la religión. Pero tenemos la tarea de fortalecer a los misioneros para amigarse con la incomodidad de acampar en territorio hostil. Porque Dios nos llamó a vivir por algo más grande que nosotros mismos. Muchas veces eso tiene que ver con morir a nuestra comodidad o a nuestros deseos de tranquilidad y salir al campo de batalla. De esta forma, aprendemos a tener paz en medio de la tormenta, a vivir felices en la lucha de la batalla y a entregar nuestra vida en el altar, tomando la cruz, dejándolo todo por la causa de Cristo.

> *Si tratas de aferrarte a la vida, la perderás, pero si entregas tu vida por mi causa, la salvarás*
> Mateo 16:25 NTV

Por eso leemos que los discípulos estaban protegidos dentro del aposento alto, pero una vez que salieron de ahí comenzaron a escribir el libro de los Hechos con la sangre de los apóstoles, con plumas cargadas de una pasión tan grande que aguantaban prisiones, azotes, persecución, discriminación, amenazas, maltratos y martirizados brutalmente.

Este libro no pretende llevarte de vacaciones ni prometerte burbujas de colores, quiere reclutarte para que te unas a las fuerzas especiales del cielo, para pelear una batalla difícil, sin precedentes, de la cual tenemos la victoria garantizada, porque trastornaremos el mundo y avivaremos los sistemas.

SEGUIMIENTO CERCANO A LOS MISIONEROS

Un factor de gran importancia es el mentoreo y discipulado a los misioneros del sistema. Muchas veces creímos que podían hacerlo solos, los respaldábamos en oración, pero sin preparar ninguna contención espiritual y ministerial. Por eso, ahora que entendemos que todos somos responsables del mismo muro, y parte del mismo equipo que persigue una misma visión, debemos estar atentos acompañando a los misioneros que están solos o se sienten solos, y extenderles una mano. Ellos deben saber que hay un ejército que ora por ellos, que tienen un hombro confiable donde llorar sus frustraciones y donde sanar los golpes provocados por vivir en el territorio enemigo. Ofrecerles un lugar donde reconocer sus logros sin envidia ni celos, donde podamos compartirles siempre una palabra para fortalecer el escudo de la fe, y donde tener un amigo que sepa estar en las malas.

Lamentablemente hemos criticado a misioneros que han sido absorbidos por el sistema, sin admitir nuestra gran responsabilidad como cristianos y como compañeros de batalla, por no haberlos apoyado cuando sonaba la trompeta, simplemente seguimos construyendo nuestro lado del muro, en vez de ir a socorrerlos.

Por eso hoy recomendamos un discipulado cercano. Que los líderes se acerquen a los misioneros, y que los misioneros se peguen aún más a sus líderes para recibir la cobertura espiritual que los mantendría alineados y acompañados en los bombardeos del territorio enemigo. También como misioneros nos sentiríamos acompañados sabiendo que hay una familia que nos respalda en oración y palabra.

Somos un cuerpo, y el cuerpo no tiene llaneros solitarios. Es por esa razón, que los misioneros debemos priorizar y permitir el seguimiento pastoral y personal, pertenecer y servir en una iglesia local, estar bajo una cobertura espiritual, aprender que nuestra tarea forma parte de una cosmovisión bíblica, recibir ministración para que la llama de nuestra tarea misionera no se apague, sino que arda de continuo en el altar. De lo contrario, como misioneros seremos absorbidos por el sistema, por estar faltos de visión, de convicción, de formación y de activación.

FUNCIONES QUE DEBEMOS ACTIVAR

Analizando algunos de estos factores que afectaron a la Iglesia como familia de fe y compañeros de misión, ahora debemos analizar tres funciones fundamentales para este tiempo:

A-CONCIENTIZACIÓN

Por haber vivido tanto tiempo dentro de un ecosistema eclesiástico, muchos de los cristianos no somos conscientes de las problemáticas sociales o de la función de la Iglesia frente a estas situaciones. Conocemos cómo funciona la unción para una reunión especial de la iglesia, pero no siempre sabemos cómo funciona la unción para usarla en el sistema, frente a los problemas sistemáticos de nuestras naciones.

Lamentablemente hemos cedido territorio, por no haber tomado conciencia de que en nosotros corría el agua viva que apagaría el incendio cultural y generacional que estamos atravesando. Pero como ya dijimos en capítulos anteriores, mirar hacia arriba te lleva a ver hacia los costados y empatizar con la necesidad. Esa es la única manera de transformar problemáticas graves, tomando conciencia, empatizando e involucrándose. Como ocurrió en agosto del 2018 en Argentina, con la marcha multitudinaria por las dos vidas, cuando se debatía la ley del aborto en el país. Algunos medios de comunicación decían que «un gran gigante había despertado». Eso es lo que provoca una Iglesia unida, una multitud que se despierta, se pone en pie y rompe el silencio. Una Iglesia que se forma en el campo de batalla, ¡porque eso es lo que somos!

B-CAPACITACIÓN

En esa marcha multitudinaria en Argentina, nos habíamos levantado como la Iglesia de Cristo, pero no teníamos las herramientas necesarias para seguir avanzando. Todavía nos faltaban los elementos para diseñar una estrategia de conquista. No contábamos con los conocimientos necesarios para defendernos en medio de la lucha, ni teníamos la madurez para mantenernos unidos en el campo de batalla. Por esto vimos la urgencia y la importancia de educar a nuestros jóvenes, a los miembros de nuestras iglesias, y por supuesto a nuestros misioneros en el sistema.

Necesitamos prepararnos para evangelizar de manera efectiva los diferentes sistemas, para saber cómo argumentar nuestra fe y cómo defender la verdad de manera astuta e inteligente. No solo tener la preparación intelectual, sino la importancia de formar a nuestros guerreros con el corazón correcto, con madurez en la gestión emocional y así aprender a corregir asperezas del carácter formando a Cristo en ellos. Forjando la templanza y la fortaleza necesaria para ser la voz en el desierto, para levantar un estandarte de Reino en terreno hostil, para misionar en territorio enemigo, sin que haya bajas en nuestras filas.

C-ACTIVACIÓN

Como desarrollamos en páginas anteriores, es importante y necesario que todos los cristianos, pero en especial los misioneros en el sistema, reciban la impartición del Espíritu Santo para ser investidos de poder, para que la lucha no sea con fuerzas ni con ejército humano, sino con su Santo Espíritu. Por eso necesitamos que los dones sean desarrollados, que la llama del altar no se apague. Debemos asegurarnos que todos nuestros misioneros ardan en el fuego espiritual para que, como una antorcha encendida, puedan dar luz y transformar la sociedad.

Porque estos tiempos son los profetizados por el profeta Joel, donde su Espíritu fue derramado sobre toda carne. Es por esa razón, que necesitamos que nuestros misioneros no sean solamente cristianos intelectuales bien intencionados, sino agentes del Reino ardiendo en pasión por Su Presencia, provocando un incendio por donde vayan y despertando un avivamiento transversal.

No te pierdas el siguiente capítulo donde desarrollaremos este concepto con mayor profundidad.

> *Necesitamos que nuestros misioneros no sean solamente cristianos intelectuales bien intencionados, sino agentes del Reino ardiendo en pasión por Su Presencia, provocando un incendio por donde vayan y despertando un avivamiento transversal.*

RESUMEN

EL ROL DE LA IGLESIA

↳ Existen tres factores que intentaron silenciar a la iglesia:
1. Una cultura funcional al infierno
2. Ecosistema peligrosamente comodo
3. Seguimiento cercano como misioneros del sistema

↳ Funciones de la iglesia
1. Concientizacion
2. Capacitacion
3. Activacion

> Como iglesia debemos dar un paso afuera del aposento alto como Pedro, y llevar el pentecostes a las calles de Jerusalen. Salgamos de nuestro sistema para leudar en la sociedad, romper el silencio y despertar el avivamiento transversal.

MIS NOTAS

CAPÍTULO 10
AVIVAMIENTO TRANSVERSAL

Una vez escuche a alguien hablar de la cruz y el simbolismo que podríamos darle tanto a la posición como a la dirección de los maderos. Hacía referencia a que existe un madero vertical conectando el cielo y la tierra, pero también hay otro horizontal llevando el efecto de la cruz a todo el mundo, todos los sistemas, todas las personas. Más allá de la argumentación bíblica de este ejemplo, me gusta pensar en que la cruz tiene la capacidad de afectar transversalmente la sociedad y puede abrazar generosamente al mundo entero, para que nadie se pierda, sino que el que crea en Él, tenga vida eterna.

El avivamiento no es un concepto que se debe profundizar en detalle. Sabemos que básicamente se trata de un mover especial del Espíritu, un despertar espiritual que se manifiesta de diferentes maneras, pero en todos los casos desemboca en la salvación y la transformación social.

Entendí este concepto hace muchos años, cuando empezaron

a suceder cosas extraordinarias en nuestra congregación, y un pastor amigo me preguntó: «¿Cuánto de ese avivamiento está transformando a la gente fuera de tu iglesia?». Para ser sinceros, lo que estaba sucediendo en nuestras reuniones no había tenido mucha relevancia en nuestro entorno social. Fue en ese momento cuando algo me hizo «click» por dentro, y pensé: «Lo que ocurra en nuestras congregaciones debe hacer eco en la sociedad».

Meses después de esa conversación, había quedado algo resonando en mi espíritu. Entonces escuché a un pastor que me dijo: «Un avivamiento no es tal hasta que exceda las fronteras de la Iglesia y afecte a la sociedad». No sé si sea una regla establecida, pero entendí que el AVIVAMIENTO TRANSVERSAL del que Dios me venía hablando, se trataba de eso. Aquello que se estaba despertando en nuestras iglesias alrededor del mundo, debía salir del aposento alto para inundar nuestra cultura y nuestra generación.

Quiero recordarte el avivamiento de Almolonga, en Guatemala, recordado por el tamaño de sus frutos y lo gigante de sus verduras. Recuerdo cómo las cárceles habían quedado vacías, porque los presos se habían convertido y ya no había delincuencia. Cómo la economía local se había activado positivamente y los políticos comenzaban a convertirse por el evidente mover del Espíritu Santo en las calles de su municipio. Pero lo último que escuché fue lo que sucedía dentro de sus templos. Porque, si algo comienza a suceder en nuestras iglesias, debe repercutir en nuestra ciudad, nuestra nación y nuestra generación.

Las naciones serán guiadas por tu luz, y los reyes, por tu amanecer esplendoroso

Isaías 60:3 NVI

Es necesario ver más allá de la frontera de la religión. Debemos tener una visión que abrace a los otros sistemas, que el mundo entero entre en el corazón, porque el mundo completo entró en esa cruz. Debemos aprender a ver hacia el cielo, pero mirar al mundo, y no me refiero a amar al mundo y sus sistemas, sino amar a las personas que forman parte de él.

> Un avivamiento no es tal hasta que exceda las fronteras de la Iglesia y afecte a la sociedad

Como dijimos en capítulos anteriores, Jesús bajó del monte, luego de orar toda la noche, pero al ver la multitud, sintió compasión por ella. La Iglesia de hoy en día, que se conecta con el cielo, no se aísla, sino que siente compasión por el mundo que no conoce a Dios.

"Así como las aguas llenan el mar, la tierra se llenará del conocimiento de la gloria del Señor"

Habacuc 2:14 NTV

Cuando entendemos que la gloria cubrirá la tierra, comprendemos que se suelta sobre los aposentos altos para desembocar en las calles de nuestras naciones, hasta cubrir la tierra. No solo cubrirá las iglesias, sino también las naciones. Por eso, los apóstoles no trastornaban iglesias sino naciones, como leemos en Hechos 17:6: «Pero, como no los encontraron, arrastraron a Jasón y a algunos otros hermanos ante las autoridades de la ciudad, gritando: "¡Estos que han trastornado el mundo entero han venido también acá!». Redactaron el libro de los Hechos sobre las calles de sus naciones, porque eran «trastornadores de ciudades, y del mundo entero».

Cuando nos referimos al mundo entero, hablamos de espacios donde no elegiríamos estar, culturas que no elegiríamos para vivir, costumbres que no conocemos, personas incómodas, sitios donde es necesario que empiece a flamear un estandarte de Reino. Por eso, los apóstoles eran llevados a lugares donde corría peligro su cabeza, donde eran insultados y agredidos, pero lo hacían por una causa más grande que ellos mismos. De eso se trata cuando hablamos de un «avivamiento transversal», de ser luz en esos espacios de densa oscuridad, para que el Reino se siga expandiendo y siga transformando.

CIUDADES LLENAS DE ALEGRÍA

Hace unos años había llevado a un compañero de la facultad a la iglesia, justo se anunciaba un congreso que tendíamos, luego siguieron otros anuncios previos al mensaje principal. De repente se me acercó y me dijo algo que me marcó ministerialmente para siempre. Claramente él no sabía lo que provocaría este comentario aparentemente irrelevante, pero sorprendido me dijo: «¡Qué loco! Ustedes tienen sus congresos y eventos multitudinarios, pero los que estamos afuera de ese mundo cristiano, casi no nos enteramos». Entonces sonreí y le hablé de lo grande que podían llegar a ser nuestros eventos y lo motivé a participar del Congreso que se había anunciado, pero dentro de mí, algo me hizo ruido.

Comencé a sentir una tristeza y temor en mi corazón, por estar limitando el mover del Espíritu Santo únicamente en las cuatro paredes de nuestra Iglesia. Sentí que estábamos encerrando el avivamiento que, por alguna extraña razón, nos estábamos comportando de manera egoísta con el mensaje de transformación y reducíamos nuestro Evangelio a la entrega de folletos en la plaza central de la ciudad. No estoy en contra de esa actividad, ya que lo hacemos seguido con nuestro equipo de evangelismo, pero debíamos activar nuevas formas de anunciar estos eventos para que todos, no solo mi amigo, lo supieran.

Tenemos que ser la voz y expandir el Evangelio, a todas partes y en todo momento. Muchas veces cometimos el error de priorizar el evangelio de un folleto, y no entendíamos que nuestra vida y nuestro testimonio eran el verdadero folleto evangelístico que podía transformar la vida de muchas personas provocando el despertar de un avivamiento. Dentro de la iglesia éramos adoradores, generosos, amorosos, pero en la semana, cuando estábamos en el ámbito educativo, profesional o laboral, comprometíamos la fe con el mal carácter, la falta de compromiso profesional, con versículos bíblicos, pero sin modales, simplemente quedándonos callados sin exponer nuestra fe.

Esta situación nos movilizó como ministerio y nos llevó a evaluar los frutos que nuestro equipo estaba teniendo fuera de los templos, no solo dentro de nuestra estructura eclesiástica. Sin disminuir el trabajo dentro de la congregación, comenzamos a enseñar acerca del compromiso que teníamos como cristianos a ser luz donde estemos. Empezamos a enseñar la responsabilidad que teníamos de expresar a Cristo con un folleto en mano, pero también con un libro o herramienta de trabajo, atrás de alguna pelota o en alguna oficina. Y los frutos en la sociedad fueron automáticos frente a la repercusión de la iglesia y el mover que estábamos teniendo en las reuniones.

En este proceso de transición como iglesia, recuerdo sentirme un poco frustrado por seguir encerrados en nuestro sistema, en medio de ese sentimiento, se acercó un pastor para darme una palabra profética que decía: «*Guille, ahora sientes que el reino es más grande que estas cuatro paredes. Pero no presiones el cambio porque, cuando el huevo se rompe antes de tiempo genera muerte, pero cuando el quiebre llega, a su debido tiempo, será de adentro hacia afuera, y traerá vida. Sé paciente, ora y prepárate, porque Dios soltará un avivamiento que no podrá ser retenido por un monte y fluirá para llenar a todos los demás. Y la iglesia tendrá que aprender cómo hacerlo de manera apresurada, pero será el Espíritu quien la movilice a las calles, como sacó a Pedro del Aposento alto para que ese pentecostés toque a los primeros tres mil que se añadirían a la iglesia en ese día*».

Estoy convencido que estamos empezando a caminar en los tiempos, como dice el salmo, la copa está rebosando, y comenzará a soltar su contenido sobre los sistemas de influencia, encenderá los montes y la gloria de Dios comenzará a verse como un amanecer en el firmamento. No se podrá detener, no se podrá ocultar, porque cuando el Espíritu dice que es el momento, entonces nadie podrá detenerlo.

Felipe bajó a una ciudad de Samaria y les anunciaba al Cristo. Al oír a Felipe y ver las señales milagrosas que realizaba, mucha gente se reunía y todos prestaban atención a su mensaje. De muchos endemoniados los espíritus malignos salían dando alaridos, y un gran número de paralíticos y cojos quedaban sanos. Y aquella ciudad se llenó de alegría

Hechos 8:5-8 NVI

Los apóstoles tenían el poder de afectar a la ciudad entera cuando llegaban, porque donde hay cristianos misioneros portadores del avivamiento, una ciudad es conmovida. No seamos líderes que solo predican en púlpitos y no en su trabajo; que oran en la iglesia, pero no en el aula; porque fuimos llamados a afectar las ciudades, comencemos mínimamente con nuestro espacio de influencia.

Luego de leer este libro, como misionero enviado, sé que vas a tener frutos de almas salvadas, vidas cambiadas, tu sociedad transformada y un avivamiento transversal en tu ciudad.

Debemos ser estratégicos y plantar un estandarte de Reino en los diferentes montes, y hacer brillar la luz de Cristo en esta generación para provocar una transformación social despertando un verdadero avivamiento transversal.

Y para finalizar, quiero invitarte a que ==Rompas el silencio== para ser la voz que Dios te ha llamado a ser en los diferentes sistemas de este mundo. No sé dónde vives ni en qué lugar trabajas, solo sé que hay un llamado en tu vida que es el mismo que siento en la mía: ser misioneros enviados por Dios a los diferentes montes para llevar la luz que el Espíritu Santo encendió para siempre en nuestro interior. Únete a nosotros y sé parte de ==Somos La Voz. ¡Te veo en la línea de batalla! ¡AHÚ!==

RESUMEN

AVIVAMIENTO TRANSVERSAL

- Lo que pasa en nuestars iglesias debe hacer eco de salvacion y transformacion en la sociedad.

- Un avivamiento debe exceder las fronteras de la Iglesia para inundar nuestra cultura y nuestra generacion.

  - Habacuc 2:14 NTV Así como las aguas llenan el mar, la tierra se llenará del conocimiento de la gloria del Señor.

- Ciudades llenas de alegria.

> Hechos 8:5-8 NVI - *Felipe bajó a una ciudad de Samaria y les anunciaba al Cristo. Al oír a Felipe y ver las señales que realizaba, mucha gente se reunía y todos prestaban atención a su mensaje. De muchos endemoniados los espíritus malignos salían dando gritos, y un gran número de paralíticos y cojos quedaban sanos. Y aquella ciudad se llenó de alegría.*

MIS NOTAS

CONTACTO

Si luego de haber leído este libro sientes el deseo de ser parte del ministerio Somos La Voz, o deseas estar en contacto con el autor, puedes escribirnos a:

Ministerio Somos La Voz

- WhatsApp: +54 9 362 485-8496
- Email: movimientosomoslavoz@gmail.com
- Web: www.movimientosomoslavoz.com
- IG: @somoslavozok

Guillermo Ledesma

- IG: @guilleledesmaok
- X: @guilleledesmaok
- FB: Guille Ledesma
- YouTube: Guille Ledesma

www.ingramcontent.com/pod-product-compliance
Lightning Source LLC
Chambersburg PA
CBHW071147060526
44107CB00133B/338